Rainer Wälde (Hrsg.)

Mit Krebs leben

Betroffene über ihren Alltag nach der Diagnose

RAINER WÄLDE (Hrsg.)

Mit Krebs leben

BETROFFENE ÜBER IHREN ALLTAG NACH DER DIAGNOSE

Schulte & Gerth

Best.-Nr. 815 389
ISBN 3-89437-389-X
1. Auflage September 1995
2. Auflage Oktober 1995
Umschlaggestaltung: Olaf Johannson
Titelfoto: Bildagentur ZEFA
Satz: Die Feder GmbH, Wetzlar
Druck und Verarbeitung: Ebner Ulm
Printed in Germany

Inhalt

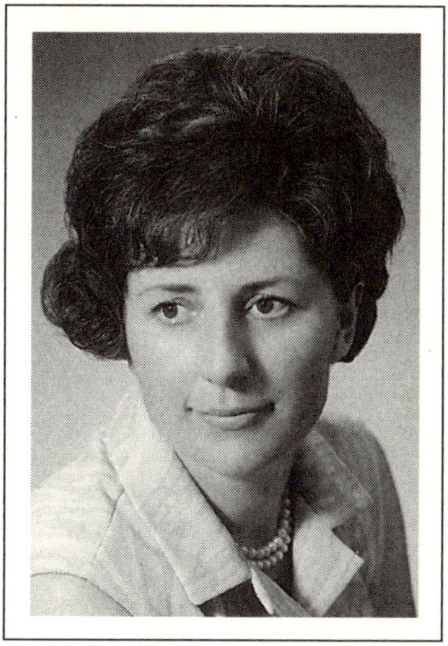

Marianne Wälde

Vorwort

Meine Mutter war eine ausgesprochen hübsche Frau. Als sie mit 40 Jahren an Krebs erkrankte, war ich gerade neun Jahre alt. Mit der Diagnose Darmkrebs begann für unsere Familie die schwerste Zeit. Mein 6jähriger Bruder Frank war gerade eingeschult worden und mußte gleich wieder die Grundschule wechseln. Eine Tante, die in Freudenstadt wohnte, hatte sich bereit erklärt, ihn aufzunehmen.

Die folgenden Monate habe ich nur noch schwach in Erinnerung. Schon bald war klar, daß der Darmkrebs unheilbar war. Meine Mutter lehnte Bestrahlungen und auch Chemotherapie ab. Sie hatte von zu vielen erfolglosen Behandlungsversuchen gehört. Meine Eltern stellten ihre Ernährung um und fuhren regelmäßig zu einem Facharzt, in der Hoffnung auf Besserung. Immer wieder beteten auch gläubige Geschwister mit ihr. In dieser schweren Zeit kam auch mein Vater zum Glauben an Jesus Christus und fand Halt und Hoffnung in der Bibel.

Die Ferien verbrachte ich immer bei meinen Verwandten in der Nähe von Frankfurt. Lutz und Hanne waren nicht nur Tante und Onkel für mich; sie haben mich auch als pubertierenden Teenager ertragen und sich als liebevolle „Pflegeeltern" um mich gekümmert.

Auch in den Osterferien 1972 war ich wieder bei ihnen. Dort erreichte mich eines Abends der Anruf: „Rainer, deine Mutter ist gestorben!" Kein Abschied, kein „Auf Wiedersehen" – es war aus und vorbei. Dieser fehlende Abschied belastet mich bis heute. Wie gerne hätte ich sie nochmals umarmt und „Adieu" gesagt!

Die nächsten Tage erlebte ich wie in Trance. Wir fuhren zur Beerdigung. Die Straße sah aus wie immer, die Menschen waren dieselben – und doch hatte sich auf einen Schlag alles geändert. Wie sollte es weitergehen?

Ich werde nie vergessen, wie ich als 11jähriger Junge in der Friedhofskapelle vor dem Sarg stand. Auf der Empore über uns sang der Gemeindechor *„Jesu, meine Freude, meines Herzens Weide, Jesu, meine Zier"*.

Später erzählte mir meine Tante, daß dies das Lieblingslied meiner Mutter gewesen war. An ihrem Sterbebett hatte sie ihr den letzten Vers vorgelesen: *„Weicht, ihr Trauergeister, denn mein Freudenmeister, Jesus, tritt herein."* Bei diesem Satz öffnete meine Mutter ein letztes Mal ihre Augen und ging zu ihrem Herrn.

Als ich nach der Trauerfeier mit meinem Vater und meinem 8jährigen Bruder als erster aus der Kapelle ging, sah ich alles nur noch durch einen Tränenschleier: Der Sarg vor uns, die Passanten am Wegrand – alles war verschleiert. Und dann der Blick ins offene Grab: ein tristes, dunkles Loch.

Erst später habe ich gemerkt, daß ich in dieser Zeit, in diesem Alter meine Trauer nicht richtig verarbeitet habe. Der fehlende Abschied macht mir immer noch zu schaffen. Heute weiß ich, wie wichtig die Krankheit für unsere Familie war: Mein Vater kam zum Glauben und hat zwei Jahre später wieder geheiratet – meine Patentante! Sie hat uns über zwanzig Jahre liebevoll wie ihre eigenen Kinder aufgezogen und begleitet. Zum Dank möchte ich ihr dieses Buch widmen.

Rainer Wälde

Die Erfahrungen von damals haben bis heute mein Leben geprägt. Als mich Klaus Gerth bat, das Thema Krebs in einem Buch aufzuarbeiten, habe ich lange gezögert. Doch die Gespräche mit anderen Betroffenen haben mir geholfen, meine eigenen Erfahrungen neu zu reflektieren und Trauerarbeit zu leisten.

Besonders eindrücklich fand ich einen Satz von Brigitte Berief-Schwarz, deren Erfahrungen am Anfang dieses Buches stehen: *„Nur beladene Schiffe haben Tiefgang."* Ich wünsche Ihnen beim Lesen, daß Sie von dieser „vertieften" Lebensqualität profitieren und neue Impulse für Ihre persönliche Situation gewinnen.

Brigitte Berief-Schwarz

36 Jahre
verheiratet, 2 Kinder
Verlagsleiterin
Emmelsbüll

Brigitte Berief-Schwarz

Die Chancen waren gering

Eigentlich war es ein schöner Ferientag: Mein Verlobter Christian kam aus Frankfurt, wo er die Woche über wohnte, ich kam aus Herne, und da wir uns damals nur alle zwei Wochen sehen konnten, trafen wir uns der Einfachheit halber mal in der Mitte: auf einer Caféterrasse hoch über dem Rhein. Die Sonne schien warm, das Bier war kühl, wir hatten Zeit füreinander, das Leben war wunderbar. Da fiel Christians Blick auf einen schwarzen Fleck, der sich bisher immer unter meiner Armbanduhr versteckt hatte.

„Was hast du denn da auf deinem Arm?"

Meine Antwort war abweisend und uninteressiert: „Ach, das habe ich schon länger. Komisch, in letzter Zeit scheint der Fleck zu wachsen."

Erst als ich diesen Satz ausgesprochen hatte, wurde mir bewußt, was ich da gesagt hatte.

Ich bin ausgebildete Kinderkrankenschwester, habe nach

dem Examen eine Diakonenausbildung abgeschlossen und arbeitete zu dem Zeitpunkt im Evangelischen Krankenhaus in Herne. Deshalb wußte ich ganz genau, welche Bedeutung dieser Fleck, den ich jetzt so lapidar abtun wollte, für mein Leben haben könnte. Gleich am nächsten Arbeitstag bin ich dann zum Hautarzt gegangen, und von da an ging alles sehr schnell. Schon zwei Tage später lag ich auf dem Operationstisch der Essener Universitätsklinik – mit einer Krankheit, die im Volksmund als „Schwarzer Hautkrebs" bekannt ist. Ich beobachtete mich selbst, wie die Tränen mein Gesicht herunterliefen.

Sechs Wochen sollte ich im Krankenhaus bleiben. Die Chancen – so sagten mir die Ärzte sachlich – standen 70 zu 30, nach der Operation länger als fünf Jahre zu leben. Außerdem würde ich eine handtellergroße Narbe auf dem Unterarm zurückbehalten.

Die Operation wurde unter örtlicher Betäubung durchgeführt. Ich selbst konnte alles genau beobachten und stellte dabei auch sachliche Fragen. Schließlich wollte ich ernstgenommen werden. Und das wird man im Krankenhaus nur, wenn man vernünftig und nicht emotional reagiert.

Doch mit der Operation war noch längst nicht alles vorbei. Die schlimmste Phase sollte erst noch kommen: In den folgenden Wochen mußte jeden Morgen der Verband mitsamt der sich neu bildenden Hautpartikeln heruntergerissen werden, um die Wunde bis zur Transplantation nach vier Wochen künstlich offenzuhalten. Das waren entsetzliche Schmerzen. Wenn ich heute darüber nachdenke, wovor ich damals vor allem Angst hatte, dann war es genau diese tägliche Prozedur. Erst an zweiter Stelle kam die Angst vor Metastasen, vor einer Ausbreitung der Krankheit auf den ganzen Körper, wie ich es bei zwei meiner Bettnachbarinnen erlebte. Und deshalb brauchte ich jemanden zum Reden, jemanden, der meine Fragen ernst nehmen und meine Angst aushalten konnte.

Ich bekam sehr viel Besuch – und damit auch viele gutgemeinte Ratschläge und Trostversuche. Man sagte mir: „Du wirst schon wieder gesund, Brigitte." Oder: „Ich kannte mal jemanden, der hatte das gleiche. Und der lebt immer noch!" Die Krankenhaus-Seelsorgerin kam an mein Bett und erzählte von

Christian und Brigitte Berief-Schwarz mit Jonas und Simon

ihren Problemen. Sie schloß ihre Ausführungen mit der Bemerkung: „Sie sehen, Gesundheit ist nicht alles." Das hatte ich auch nie geglaubt! Diese Besuche machten mich erst richtig einsam. Ich habe mich deshalb entschlossen, ganz bewußt in die Offensive zu gehen und Themen anzusprechen, die mich interessierten, von denen ich aber spürte, daß niemand sie freiwillig aufgreifen würde. „Wenn du in meiner Lage wärst, wie vielen Operationen würdest du zustimmen? Ab wann darf ich aufgeben und mich auf meinen Tod freuen? Was hältst du von Organspenden? Möchtest du unsterblich sein?"

Die meisten Besucher waren mit ihren Antworten auf meine Fragen sehr schnell bei der Hand. Sie spiegelten oft ihre eigene Situation wider, die unbedroht erschien. Nur wenige hatten die Kraft, sich wirklich auf meine Angst einzulassen. Von daher waren die Ratschläge leider nur wenig hilfreich: „Denk doch jetzt nicht darüber nach – du brauchst doch alle Kraft, um gesund zu werden. Hast du denn gar keine Hoffnung?"

Doch, ich hatte Hoffnung. Und trotzdem war ich an einem

Punkt in meinem Leben angekommen, an dem ich alle meine Überzeugungen in Frage stellte.

Ich habe in dieser Zeit die Gegenwart Gottes besonders intensiv gespürt, wie selten zuvor in meinem Leben. Deshalb habe ich auch viele Stunden im Gebet verbracht. Ich wußte, daß Krankheit keine Strafe Gottes ist und wollte herausbekommen, was er mir mit dieser Krankheit beibringen wollte. Schon viel früher hatte ich erfahren, daß wir einen Gott haben, der nicht automatisch Schlimmes verhindert, aber Böses in Gutes verwandeln kann.

Ich habe in der Klinik angefangen, ein Tagebuch zu schreiben. Wenn ich mir heute meine – manchmal recht unstrukturierten – Aufzeichnungen anschaue, dann stoße ich vor allem auf zwei Grundentscheidungen, die ich damals getroffen habe und die mein Leben bis heute bestimmen.

Erstens: Ich wußte aus meiner Beschäftigung mit der Literatur zum Thema „Krebs", daß diese Krankheit in vielen, wenn nicht gar den meisten Fällen etwas mit „ungelebtem Leben" zu tun hat. Nun entdeckte ich plötzlich – und diese Entdeckung war für mich ein regelrechter Schock: Diese „Diagnose" traf auch auf mich zu.

In meiner Arbeit als Krankenhaus-Seelsorgerin hatte es sich eingespielt, daß die Wünsche der Patienten zu meinen eigenen geworden waren, daß ich kaum noch unterscheiden konnte zwischen Beruf und Privatleben; und auch in der Beziehung zu meinem „Langzeit-Verlobten" Christian wiederholte sich dieses Muster: Statt hier die Verantwortung für mein Leben zu übernehmen und das, was ich an unserer Beziehung damals als unbefriedigend empfand, offensiv anzugehen, hatte ich mich auch hier in die Rolle eines Menschen begeben, der passiv darauf wartete, was wohl Christian im Blick auf unsere Beziehung weiter vorhatte. Noch im Krankenhaus entschloß ich mich, an dieser Stelle ehrlicher zu leben.

Zweitens: Das Wissen um den Tod hat mir mein Leben wertvoller gemacht. Da ich weiß, daß ich nicht unendlich viel Zeit habe, lebe ich heute viel intensiver als vorher. Ich habe damals im Krankenhaus die bewußte Entscheidung getroffen, von nun an jeden Augenblick meines Lebens mit allen fünf Sinnen zu genießen. Gleichzeitig habe ich mit einer Einstellung gebrochen, die ich heute als das „Wenn-dann-Syndrom" bezeichne: „Wenn du alle Patienten, die einen Besuch wünschen, auch besucht hast – dann darfst du ohne schlechtes Gewissen Feierabend machen." Oder: „Wenn Christian erst einmal dieses oder jenes Projekt abgeschlossen haben wird – dann können wir auch an unserer Beziehung arbeiten." In meinen Tagebuchaufzeichnungen eliminierte ich bewußt die Redewendung „wenn-dann" – und ersetzte sie durch die Worte „heute" und „jetzt".

Mittlerweile liegt der Ausbruch meiner Krankheit acht Jahre zurück. In dieser Zeit hat sich in meinem Leben eine Menge getan: Ich bin verheiratet – und das tatsächlich mit meinem damaligen „Langzeit-Verlobten" Christian. Wir spüren, wie positiv sich die damalige Entscheidung auf unsere gemeinsame Beziehung auswirkt, wie gut es ist, Interessen auszusprechen, Probleme anzupacken und Konflikte durchzustehen. Wir merken, daß diese Art, miteinander umzugehen, „urgesund" ist. Denn je mehr wir es wirklich schaffen, uns auf diese radikale Offenheit einzulassen, desto stärker erleben wir, wie interessant wir als Partner füreinander sind. Außerdem haben wir zwei gesunde Kinder: Jonas und Simon.

Die Entscheidung für sie war ein wirkliches Wagnis für mich und meine Gesundheit. Die Ärzte hatten uns darauf hingewiesen, daß Schwangerschaftshormone das Wachstum eines Tumors begünstigen können. Trotzdem entschlossen wir uns, mit diesem Risiko zu leben. Wir haben uns klar gemacht, daß mir im schlimmsten Fall nur wenig Zeit verbleibt, die ich als Mutter mit den Kindern verbringen kann. Wir spielten auch die Möglichkeit gedanklich durch, sagten – so wenig wir uns das wünschten – gemeinsam Ja dazu und legten alles weitere in Gottes Hand. Deshalb freuen wir uns ganz besonders über Jonas und Simon und daß meine Gesundheit bis heute stabil geblieben ist. Auch mein berufliches Umfeld hat sich seit der Zeit damals stark verändert. Ich arbeite nicht mehr mit Kranken, Leidenden und Sterbenden, sondern leite einen Verlag.

Ich habe mich für einen Beruf entschieden, in dem verschiedene Komponenten, die mir wichtig geworden sind, zusammenkommen. Meine Tätigkeit läßt sich relativ gut mit der Kindererziehung vereinbaren, da ich in aller Regel zu Hause arbeiten und mir meine Zeit frei einteilen kann; beruflich gibt es eine Fülle von Berührungspunkten zu der Arbeit meines Mannes; und nicht zuletzt: Dieser Beruf gibt mir großen Gestaltungsspielraum und die Möglichkeit, die Gedanken, die mir wichtig sind, mit den uns zur Verfügung stehenden Mitteln zu verbreiten.

Seit meiner Krankheit ist auch der Tod für uns als Ehepaar kein Tabu-Thema mehr. Mindestens einmal im Jahr – zum Beispiel zur Jahreswende oder vor einer Operation – sprechen Christian und ich ausführlich über den Tod. Wir haben uns zur Angewohnheit gemacht, alle möglichen Fälle durchzuspielen und uns zu fragen: Angenommen, ich würde jetzt sterben – was passiert dann mit den Kindern? Wie kannst du in einem solchen Fall deine Arbeit mit der Kindererziehung vereinbaren, wer könnte dir helfen? Wer könnte an meiner Stelle die Verlagsarbeit übernehmen? Wie wird es finanziell aussehen? Kannst du dir vorstellen, wieder zu heiraten? Solltest du dich nicht dringend darum bemühen, der Kinder wegen – und auch um deiner selbst willen? Möchte ich meine Organe spenden? Möchte ich Christian etwas Wichtiges sagen, was ich bisher vielleicht noch nicht so ausdrücklich formuliert habe? Möchte ich wiederbelebt werden, wenn ich klinisch tot bin? Dürfen die Kinder mich besuchen, wenn es mir sehr schlecht geht?

Diese Gespräche machen es mir leichter, mich auf das Sterben einzustellen. Ich kann mich darauf verlassen, daß ich nicht allein und hilflos bin, sondern auch im Krankenhaus einen Anwalt habe, der für meine Interessen eintritt. Aus Erfahrung weiß ich, daß das in unserem modernen Klinikbetrieb bitter nötig ist. Ohne Zweifel war der Gedanke an das Sterben leichter, solange ich noch nicht verheiratet war und noch keine Kinder hatte. Ich trug nur für mich selbst die Verantwortung. Wenn ich heute über den Tod nachdenke, dann habe ich eigentlich nicht vor dem Sterben Angst, sondern vor dem Abschiednehmen von meiner jungen Familie. Die Verantwortung, die auf mir lastet, macht mir diesen Gedanken unendlich schwer.

Unsere Umwelt, die Freunde und Bekannten können mit unserer Offenheit allerdings meist nichts anfangen. Wenn ich anderen von unseren regelmäßigen Gesprächen über den Tod erzähle, so ernte ich fast regelmäßig Entrüstung. Ich habe Schwierigkeiten, diese Reaktion zu verstehen, denn auch wenn ich nicht an dieser Krankheit sterbe, dann vielleicht schon morgen bei einem Verkehrsunfall. Ist der Tod mir wirklich soviel näher als anderen Menschen, mit denen ich zu tun habe – oder können sie ihn nur besser verdrängen als ich?

Auf jeden Fall habe ich mich entschieden, den Tatsachen ins Auge zu blicken und für alle Fälle vorbereitet zu sein. Mir hat der Gedanke geholfen, Trauer als Brücke zwischen einer verlorenen Vergangenheit und einer noch nicht gefundenen Zukunft zu verstehen. Ich möchte meiner Familie helfen, sich heute schon auch eine Zukunft ohne mich vorzustellen. Wenn es – wie wir hoffen – anders kommen sollte – um so besser!

Hansjörg Pfaff

57 Jahre
verwitwet, 1 Pflegetochter
Pastor
Uelzen

Hansjörg Pfaff

Von einer Kraft zur anderen

„Ich habe gerade die Diagnose gesagt bekommen: Es ist Krebs!“ Das war ein Telefonanruf meiner Frau aus dem Krankenhaus am 11. April 1991 um 17.30 Uhr. Diese Diagnose hat unser Leben in vieler Hinsicht verändert.

Krebs – das war für mich zunächst das Todesurteil für meine Frau. Ich war völlig vor den Kopf geschlagen. Das merkte ich an verrückten Gedanken: Ich fragte mich beispielsweise, was ich allein in unserer großen Dienstwohnung sollte. Und ich begann, in Gedanken die Wohnung für mich allein einzurichten. Bis mir dann bewußt wurde, daß Helga ja noch lebte! Der Telefonanruf kam an einem Donnerstag, und am Samstag konnte ich Helga für zwei Tage nach Hause holen. Die Fachklinik ist 90 Kilometer von unserem Wohnort entfernt.

An jenem Wochenende haben wir viel miteinander geredet. Kein Aspekt möglicher Folgen der Krankheit wurde ausgeklammert. Bei mir flossen reichlich Tränen. Zum gemeinsamen

Bibellesen und Beten war auch Zeit. Am Samstagabend landeten wir bei Psalm 84; er war an diesem Tag in der Jahresbibel dran. Bei den Versen 6–8 horchten wir auf: „Wohl den Menschen, die dich für ihre Stärke halten . . . sie gehen von einer Kraft zur anderen."

Von einer Kraft zur anderen – das ging uns an! Gott gibt Kraft für jetzt. Was wir morgen brauchen, wird er morgen geben. „Von einer Kraft zur anderen" war in den folgenden schweren Monaten unser Leitfaden. Wir brauchen nur Kraft für heute und müssen noch nicht an übermorgen denken oder schon für das nächste Jahr glauben. Was wir heute brauchen, wird uns heute von Gott geschenkt, und was wir morgen brauchen, wird uns morgen gegeben – und nicht schon heute!

Nach diesem Wochenende sagte ich zu meiner Frau, als ich sie in die Klinik zurückbrachte: „Jetzt kann ich weiter."

Wir waren bereit, weiterzuleben.

Viele Untersuchungen folgten. Man hatte bis jetzt nur Metastasen am Rippfell und Zwerchfell entdeckt und suchte fieberhaft nach dem Primärtumor. Er wurde nie gefunden. Bereits in der ersten Krankheitsphase, noch vor der Entdeckung des Krebses, war meine Frau nach Jakobus 5 gesalbt worden, und man hatte unter Handauflegung der Ältesten über ihr gebetet.

Würde die Chemotherapie Erfolg haben? Es galt, Beter zu mobilisieren. Ich telefonierte kreuz und quer durchs Land und bat Christen unterschiedlichster Prägung um Beistand. Dankbar stellten wir fest, mit wie vielen Beziehungen Gott uns beschenkt hatte. Und sie beteten! Und mobilisierten weitere Beter. Unsere Gemeinde betete für uns. In den Fürbittelisten unserer früheren Gemeinden waren wir ebenfalls zu finden. Wir erfuhren auch viel praktische Hilfe: Essen kochen, Hemden bügeln, Wohnung putzen usw. Von den Betern kamen immer wieder Ermunterung und Trost. Es war „Liebe in Aktion". Das tat unendlich gut, und wir haben uns das alles gerne gefallen lassen.

Die Therapie nahm ihren Lauf. Achtmal mußte Helga in vierwöchigem Abstand jeweils für zwei Tage ins Krankenhaus. Die unmittelbaren Begleiterscheinungen hielten sich einigermaßen in Grenzen. Schlimm war die Appetitlosigkeit. Die Kräfte mußten doch erhalten bleiben!

Helga und Hansjörg Pfaff

Zeitweise beteten wir vor jeder Mahlzeit darum, daß Helga überhaupt etwas essen konnte. Und Gott hat uns erhört. Der Heißhunger blieb zwar aus, aber es mußte keine Mahlzeit ausfallen! Zwischendurch nahmen die Beschwerden auch mal wieder zu, und Helgas Allgemeinzustand wurde schlechter. Dann stellten sich die Ängste wieder ein. Und wir flüchteten uns immer wieder in die Arme Gottes. Viele Beter ließen uns wissen, sie hätten die feste Gewißheit, daß Helga wieder ganz gesund würde.

Ich konnte diese Zuversicht nicht so einfach teilen. Die aktuelle Situation sprach immer wieder eine ganz andere Sprache. Bis heute bete ich das folgende Gebet: „Herr Jesus, du hast unsere Situation vollkommen unter Kontrolle. Deinen Händen entgleitet nichts. Wir bleiben bei dir. Wir sagen Ja zu deinem Willen. Du wirst uns durchbringen."

„Von einer Kraft zur anderen" – dieses Wort hat sich bewahrheitet. Ein anderes Gebet war mir über Monate wichtig: „Danke, Herr, für diesen heutigen Tag, den wir gemeinsam erleben. Wir nehmen ihn dankbar als dein Geschenk an uns entgegen. Und wir wollen uns dieses Tages freuen und nicht für morgen sorgen."

Wir lernten, in der Gegenwart zu leben und haben alles Schöne von Herzen genossen! Unser Leben und Erleben wurde intensiver.

Mein Dienst als Gemeindepastor ging währenddessen in vollem Umfang weiter. Es gab gemeindlich große Probleme, und ich durchlebte – abgesehen von den privaten Nöten – die schwierigste Phase meines sechzehnjährigen Pastorendaseins. Aber auch hier ging es „von einer Kraft zur anderen".

Ein wichtiger Wendepunkt war das Ende der Chemotherapie. Die Entscheidung fiel Mitte Dezember 1991. Der ärztliche Befund lautete: „Die Krankheit ist nicht nur zum Stillstand gekommen, sondern es sind keine Krebszellen mehr feststellbar."

Das war das Weihnachtsgeschenk unseres himmlischen Vaters!

Helga blieb allerdings den Winter über anfällig für Infekte. Daran haben wir uns nie gewöhnen können. Jede Attacke versetzte uns neu in Aufregung und Angst. Das Immunsystem war geschädigt. Was tun? Da schenkte uns Gott bei einer Tagung eine Begegnung mit einem gläubigen Arzt. Wir kannten ihn schon einige Jahren und wußten, daß er sich mit Krebsnachsorge beschäftigt. Sein Rat und seine Empfehlung brachten uns auf Umwegen schließlich in Kontakt mit einer Ärztin an unserem Wohnort. Dort hat dann eine Behandlung auf Naturheilbasis begonnen. Auch dies sahen wir als einen Weg Gottes, uns zu helfen. Eine vierwöchige Kur brachte Kräftigung, auch psychisch. Im Sommerurlaub im Mittelgebirge waren wir wandern. Auch das hat zur weiteren Stabilisierung beigetragen.

Aus diesen Erfahrungen ist mir folgendes besonders wichtig geworden: Gott kann unser gemeinsames Leben – jetzt 28 Jahre – durch den Tod eines Partners jederzeit beenden. Dieser Gedanke schockte mich inzwischen nicht mehr total. Ich wußte und weiß auch heute noch um die Hoffnung in Christus, für den, den Gott abruft, und für den, der hierbleibt. Wir freuten uns an den guten Zeiten: Wir genossen sie und dankten Gott dafür. Und wenn es schwer wurde, ging unser Herr mit uns „von einer Kraft zur anderen".

Im Dezember 1992 wurde ein neues Ausbrechen der Krankheit festgestellt. Wieder wurde eine Chemotherapie nötig. Sie dauerte ein Vierteljahr und hatte dieselben belastenden Begleitumstände wie die erste. Allerdings hatte sie diesmal keinen Erfolg. Eine Überprüfung der Diagnose ergab: Es handelt sich nicht um Metastasen, sondern um die Primärerkrankung einer seltenen und medizinisch nicht behandelbaren Krebsart namens Mesotheliom, einer Spätfolge von Asbest.

Lediglich die Begleitumstände sind beeinflußbar. Im Klartext: Eindämmung der Schmerzen mit entsprechenden Medikamenten. Diese Klarheit der Diagnose wirkte auf uns eher befreiend als schockierend. Hörte doch jetzt das ständige Suchen auf, das zum Teil mit unangenehmen Untersuchungen verbunden war. Jetzt war auch endgültig klar, daß eine Besserung oder Heilung nur durch Gottes unmittelbares Eingreifen möglich war.

Mitte April 1993 zogen wir dann an einen neuen Dienstort. Die neue Gemeinde nahm uns mit viel Liebe und Verständnis für unsere Situation auf. Wie in der vorigen Gemeinde sind wir von Gebet und liebevoller Fürsorge umgeben worden. Helga hat diese Zeit am neuen Ort in relativ guter Verfassung erlebt und ist rasch heimisch geworden.

Gemeinsam haben wir in diesem Jahr auch fröhlich Weihnachten gefeiert. Weniger im Bewußtsein, daß es wohl das letzte sein würde, als vielmehr dankbar, daß wir zusammen waren.

Im Februar 1994 fuhr Helga wieder zur Kur. Leider brachte sie ihr nur wenig Hilfe. Ich konnte währenddessen als Mitarbeiter an einer Seelsorgekonferenz teilnehmen, und Gott hat mich in diesen Tagen reich beschenkt und gestärkt. Ende Mai mußte Helga mit der Hausarbeit aufhören. Für das Kochen fand sich eine Hilfe, andere Dinge im Haushalt übernahm ich. Unsere Devise war: „So lange wie möglich so normal wie möglich leben". Nachdem wir uns im gemeinsamen Gebet gegenseitig in die Hände Gottes gegeben hatten, lebten wir mit den zunehmenden Einschränkungen im Frieden Gottes, gehalten und gelassen.

Die wöchentlichen Gebetsabende mit zwei Ehepaaren der Gemeinde waren uns eine große Hilfe – neben all den vielen Betern im Lande. Unsere täglichen kleinen Spaziergänge mußten wir zum Sommer hin aufgeben – die Kraft reichte nicht mehr.

An unserem 30. Hochzeitstag Ende August konnten wir uns gegenseitig Freude machen und überraschen. Über mein Geburtstagsgeschenk von Helga im September freute ich mich von Herzen. Es sollte das letzte sichtbare Zeichen ihrer Liebe sein. Die Gemeinde hatte Verständnis, und ich konnte mich ganz um meine Frau kümmern, ohne ein schlechtes Gewissen haben zu müssen.

Am 17. Oktober 1994 vormittags ging Helga in Frieden heim. Sie hörte vor Schwäche einfach auf zu atmen. Eine Woche hatten wir darum gebetet, daß Gott doch bald ein Ende machen möge. Krankenhaus, Schmerzen und Kampf blieben uns erspart. Nachdem ich ihr die Augen zugedrückt hatte, betete ich: „Herr, ich habe sie aus deiner Hand empfangen, und in deine Hand gebe ich sie jetzt zurück. Danke, daß sie am Ziel ist."

In mir war nichts als tiefer Friede und große Dankbarkeit für das gemeinsame Leben.

Helgas Schwester kam noch am selben Tag und blieb bis zur Beerdigung bei mir. Als alles für die Beerdigung organisiert war, machten wir uns daran, Helgas Sachen aufzuräumen und das Schlafzimmer umzustellen. Das mag vielleicht hart klingen, aber für mich war es die einzige Möglichkeit. Aus meinem Alltag als Pastor kannte ich genügend Hinterbliebene, bei denen das Schlafzimmer 40 Jahre nach dem Tod des Partners noch so aussah, wie sie es bei der Eheschließung bezogen hatten. Von daher wußte ich: Wenn ich es jetzt nicht mache, werde ich es später nicht mehr können. Und wenn ich es nicht mache, werde ich den Schmerz auch nicht verarbeiten können!

In dieser Situation habe ich auch gemerkt, wie wichtig es ist, vertraute Menschen zu haben, die einem beistehen. Sie müssen nicht viel sagen, sondern einfach nur da sein. Helgas Schwester hat mir geholfen, die über 250 Traueranzeigen zu verschicken. In den folgenden Wochen kamen jeden Tag zahlreiche Briefe von Menschen, die an mich gedacht und für mich gebetet haben. Ich habe sie alle tief bewegt gelesen und war voller Dankbarkeit für so viele Menschen, die mir zugewandt sind. Viele Sätze sind mir sehr wertvoll geworden. Am wichtigsten war die Post, die zuerst kam. Ich habe daraus gelernt, auf eine Todesanzeige immer sofort zu schreiben, weil am Anfang der Schmerz am größten ist. Ein Kollege und Freund schrieb mir: „Ich habe in meinem Leben noch nicht so viel geweint wie jetzt, wo meine Frau tot ist. Und ich habe noch nie soviel geklagt. Aber ich klage und weine vor Gott und erlebe jedes Mal, daß Gott mir hilft."

Die Beerdigung habe ich sehr bewußt erlebt. Eigenartigerweise war sie nicht schwer für mich. Ich stand in der Trauerhalle vor dem Sarg und wußte: *Das ist nicht mehr deine Frau. Meine Helga ist bereits beim Herrn.*

Ein naher Verwandter – Pastor wie ich – hielt die Trauerfeier. Viele Gäste kamen. Ich habe sie alle bewußt registriert, soweit sie zum Grab kamen, und war einfach dankbar. Von vielen wurde ein tiefer Friede bezeugt. Und auch bei der Nachfeier gab es dann noch gute und hilfreiche Worte.

Danach fuhr ich für eine Woche nach Tirol. Stundenlang wanderte ich durch die herrliche Gegend. Ich habe über vieles nachgedacht und auch viel gebetet. Und ich habe Gott als Vater der Witwen und Waisen in Anspruch genommen. Er kümmert sich um mich! Manchmal kann ich seine Zuwendung kaum fassen.

Bei meiner Rückkehr aus Tirol war ich froh, daß die Wohnung umgeräumt war und äußerlich neue Verhältnisse herrschten. Ich wäre zu Veränderungen kaum fähig gewesen – wohl bis heute nicht. Ich merke, daß Trauern viel Zeit braucht. Der Gang zum Grab ist mir wichtig. Ich trage meine Trauer förmlich dorthin. Am Grab stehe ich und bete, sage Gott meinen Schmerz und auch, daß ich ihm vertrauen will. Jedesmal gehe ich getröstet nach Hause.

In den ersten Monaten hatte ich ein großes Ruhebedürfnis. Ich war bewußt viel allein. In Gedanken erlebte ich die Krankheitszeit und die Sterbesituation nach, erinnerte mich an Gespräche. Schuldgefühle konnte ich durch Beichte und Gebet bewältigen; sie quälen mich nicht mehr. Leere und Verlassensein kommen aber immer wieder hoch. Das erzeugt zuweilen Aggressionen in mir. Solche Situationen kommen ganz plötzlich. Gut, daß ich dann jemanden habe, mit dem ich reden kann, der nicht vor Mitleid zerfließt, sondern zuhört und guten Rat geben kann.

Langsam erkannte ich, daß ich nicht nur weiterleben *muß*, sondern auch *darf*. Meine Lebensqualität hängt zum Teil von meinen Entscheidungen ab: Ich muß schöne Dinge für mich planen, Zeit mit anderen organisieren. Im Frühjahr habe ich in kurzem Abstand zwei größere Flugreisen gemacht, die mir in jeder Hinsicht gutgetan haben. Ich entdecke wieder die schönen Seiten des Lebens und kann mich von Herzen freuen.

Fast acht Monate sind seit Helgas Tod vergangen. Zur Zeit durchlebe ich wieder eine tiefe Trauerphase. Aber sie erdrückt mich nicht mehr. Ich weiß, sie ist nötig und wird auch wieder zu Ende gehen. Inneren Abstand zu meiner Frau habe ich noch nicht. Immer wieder habe ich die Sterbesituation vor Augen, empfinde tiefe Verlassenheit. Doch immer wieder ist auch das andere da: Dankbarkeit für 30 schöne gemeinsame Jahre und so etwas wie Stolz, mit dieser Frau verheiratet gewesen zu sein.

Einsam bin ich nicht. Ich habe mir Untermieter ins Haus genommen und mich einem Hauskreis angeschlossen, wo ich nicht der Pastor, sondern normaler Teilnehmer bin. Meinen Dienst konnte ich in der ganzen Zeit mit großer Freude tun und erlebe dort viel Bestätigung. Die Gemeinde ist manchmal irritiert darüber, daß ich nicht ganz in meiner Trauer versinke, sondern mit Freude und viel Kraft bei der Sache bin.

Aber das ist mir nur möglich im ganz engen Kontakt mit meinem himmlischen Vater. Er hat mich noch einmal in eine tiefere Beziehung zu sich gezogen, redet zu meinem Herzen und schließt mir sein Wort in einer bisher nicht gekannten Tiefe auf. So gibt es nicht mehr nur bestimmte Gebetszeiten, sondern „es betet" fast ständig in mir. Anbetung wird langsam zu meinem Lebensstil.

Heike Skupsch

30 Jahre
verheiratet
Erzieherin
Kriftel

Heike Skupsch

Ich will leben!

Im März 1994 ertastete ich in der linken Brust einen Knoten. Er war verschiebbar und seine genaue Größe schwer abzuschätzen. Ich war nicht weiter beunruhigt und wartete meine nächste Periode ab, da sich meine Brust generell im Laufe des Zyklus unterschiedlich anfühlt. Nach einem Monat war der Knoten immer noch da, und ich ließ mir beim Frauenarzt einen Termin geben. Doch dann bekam ich plötzlich Schmerzen in der Achselhöhle und hatte beim Abtasten den Eindruck, auch dort Verdickungen zu fühlen. Jetzt war ich beunruhigt und hatte irgendwie das Gefühl, daß etwas nicht stimmte; also ging ich zum Hausarzt, der mich sofort zur Mammographie schickte. Bei der Untersuchung zeigten sich deutlich zwei Knoten in der linken Brust. Anhand der Bilder ließ sich aber nicht klären, ob diese Knoten gut- oder bösartig waren. Ich bekam Angst, schob aber den Gedanken an Krebs völlig beiseite. Mit dem Röntgenbefund ging ich wieder zum Hausarzt, der mir sofort eine Einweisung ins Krankenhaus ausstellte. Außerdem bereitete er mich darauf vor, daß diese Knoten auf jeden Fall näher untersucht werden müßten.

Mein Mann brachte mich ins Krankenhaus. Wir waren beide beunruhigt, machten uns Sorgen, und der Gedanke an Krebs geisterte durch unsere Köpfe. Aber wir beruhigten uns gegenseitig, indem wir uns sagten: „Es wird schon nichts Schlimmes sein. Warten wir erst einmal ab, was die Ärzte sagen. Vielleicht ist ja alles ganz harmlos.“ Irgendwie wollte ich das auch glauben, hielt mich daran wie an einem Strohhalm fest, hatte aber gleichzeitig eine nicht faßbare, nicht auf etwas Bestimmtes gerichtete Angst.

Die Ärzte waren in ihren Äußerungen zurückhaltend, schürten in keiner Weise meine Angst, verharmlosten aber auch nichts. Sie waren sehr sachlich und erklärten mir, daß die Knoten in einer Operation herausgeschnitten werden müßten. Danach würden sie zur feingeweblichen Untersuchung in ein Labor geschickt werden, und dort würde man herausfinden können, ob es sich um gutartige oder bösartige Geschwulste handelte. Bis wir dieses Ergebnis hätten, würden drei Tage vergehen.

Diese Zeit des Wartens war schrecklich. Der Eingriff an sich war leicht zu verkraften. Ich hatte kaum Schmerzen und war schnell wieder fit. Aber diese Ungewißheit! Was habe ich? Ist es Krebs? Doch ich hatte auch sehr viel Hoffnung und war zuversichtlich: „Gott wird schon nicht zulassen, daß ich ernsthaft krank bin.“ Ich wußte, daß viele aus unserer Gemeinde für ein gutes Ergebnis beteten. Ich war ständig hin- und hergerissen zwischen positiven und negativen Gedanken.

Ich hatte mit den Ärzten abgesprochen, daß ich gemeinsam mit meinem Mann über das Ergebnis des Befundes informiert werden wollte. Das ließ sich gut einrichten, da mein Mann noch studierte und seine Zeit etwas freier einteilen konnte. Eine junge Ärztin teilte uns dann mit, daß es sich um zwei bösartige Tumore handelte – ich hatte Brustkrebs. Sie fand die richtigen Worte und war selbst ganz betroffen. Deshalb drückte sie auch ihre Anteilnahme aus und brachte uns die Diagnose so bei, daß wir sie irgendwie aushalten konnten.

Als wir dann wieder in meinem Zimmer waren, fühlten wir uns beide wie betäubt. Wir konnten gar nicht fassen, was wir

Heike und Ralf-Peter Skupsch

eben gehört hatten. Alle Hoffnungen, die wir hatten, zerplatzten wie eine Seifenblase. Es war tatsächlich wahr: ich hatte Brustkrebs. Das Schreckliche war passiert. Die Anspannung der letzten Tage fiel von uns ab. Wir waren wie ausgepumpt. Wir weinten zusammen. Wir haben uns einfach nur festgehalten und zusammen geweint.

Mit mir im Zimmer lagen zwei Frauen in meinem Alter, mit denen ich mich gut verstand. Sie hatten sich schon während der ganzen Wartezeit Gedanken gemacht, wie sie mich ablenken und aufmuntern könnten. Ihre Anwesenheit tat mir gut. Ich konnte mit ihnen reden und fühlte mich verstanden. Das hat mich wirklich getröstet und unterstützt. Auf der Station waren noch andere Frauen, die ebenfalls erfahren hatten, daß sie Brustkrebs hatten. Es war wie eine eingeschworene Gemeinschaft: Wir haben zusammen geweint, uns aber auch gegenseitig Mut gemacht, nicht den Kopf hängen zu lassen – jetzt durchzuhalten. Mit einigen dieser Frauen haben wir bis heute noch Kontakt.

Die innere Taubheit, das Ausgepowert-Sein verursachte in mir nach zwei Tagen einen großen Wissensdurst. Ich wollte genau wissen, was Krebs ist, wie er entsteht und wie er behandelt werden kann. Unsere Familien und Freunde brachten mir alles, was sie zu dem Thema finden konnten, mit ins Krankenhaus, und ich konnte mir ein Bild davon machen, was ich eigentlich hatte. Ich löcherte die Ärzte mit meinen Fragen, die sich auch wirklich viel Zeit nahmen, mir verständliche Antworten zu geben. Ich hatte das Gefühl, je mehr ich über Krebs weiß, desto eher verliert er seinen Schrecken.

Dann stand die zweite Operation an. Man hatte mir erklärt, daß in meinem Fall aufgrund der Größe und Lage der Tumore nicht mehr brusterhaltend operiert werden konnte. Die Brust mußte vollständig amputiert werden. Ein Großteil der Lymphknoten aus der Achselhöhle würden entfernt und auf Krebsbefall im Labor untersucht. Sollte sich der Verdacht des Lymphbefalls bestätigen, müßte ich eine Chemotherapie machen. Die Ärzte rieten mir aufgrund meines „Alters" zu einem Brustaufbau: Dabei wird ein Expander, der unter den Brustmuskel gelegt wird, gleich im Zuge der Operation eingesetzt.

Natürlich hatte ich wieder viele Fragen und konnte mir nicht vorstellen, wie diese Operation durchgeführt werden würde. Ich wußte auch nicht, wie der Brustaufbau verlaufen und aussehen würde. Diese Entscheidung und Informationen mußten innerhalb von vier Tagen getroffen und begriffen werden. Über die eigentliche Tragweite all dessen war ich mir zu dem Zeitpunkt nicht bewußt. Es war einfach zuviel, was auf mich einstürmte. Ich konnte mir nicht vorstellen, wie es sein würde, ohne die linke Brust zu leben. Ich hatte verstanden, daß sie abgenommen werden mußte, damit ich weiterleben konnte. Ich dachte mir: *Lieber ohne Brust als ohne Arm oder Bein.* Das Gefühl, dann keine vollwertige Frau mehr zu sein, kam zu diesem Zeitpunkt nicht in mir auf. Ich schaute mir bei einer Patientin auf der Station an, wie deren Narben und Haut nach der Operation aussahen – und war beruhigt, denn ich hatte es mir schlimmer vorgestellt.

Mein Mann stand voll und ganz zu mir. Sein Kommentar: „Sieben Jahre lang hatte ich dich komplett mit zwei Brüsten.

Nun fängt eben etwas Neues an, und den Rest unserer Ehe habe ich dich eben mit einer künstlichen und einer echten Brust. Das ist okay so."

Es hat mir sehr gut getan, daß er mir damit zu verstehen gab, daß er mich so annehmen würde, wie ich bin, und auch als Mann mit meinem veränderten Aussehen fertig werden würde. Ich selbst hatte gar keine Zeit, mich näher mit dem Verlust der Brust auseinanderzusetzen, mich von ihr zu „verabschieden". Außerdem hatte ich mich für einen Brustaufbau entschieden und dachte mir, somit würde der Verlust nicht so ins Gewicht fallen.

Die Folgen der zweiten Operation waren um ein Vielfaches schlimmer, als ich es erwartet hatte. Ich hatte mich bisher noch nie einer größeren Operation unterziehen müssen und wußte deswegen überhaupt nicht, was auf mich zukommen würde. Die Schmerzen waren schlimm. Ich hatte das Gefühl, mein Brustkorb würde mit schweren Gewichten zusammengedrückt, jeder Atemzug tat weh. Auch der linke Arm schmerzte, war kraftlos und unbeweglich. Ich mußte ihn mit der rechten Hand dorthin heben, wo ich ihn haben wollte. Die ersten zwei Tage nach der Operation habe ich sehr gelitten, ich hatte körperliche Schmerzen, aber auch psychische. Ich war deprimiert und mußte oft weinen. Außerdem habe ich alles nur schwarz gesehen und konnte mir nicht vorstellen, wie lange es dauern würde, bis es mir besser gehen würde.

Aber es wurde besser. Jeden Tag eroberte ich mir ein Stück Beweglichkeit und Selbständigkeit, entwickelte Ehrgeiz darin, mich aufzusetzen und zu stehen, im Zimmer herumzulaufen, mir morgens das Brötchen ohne fremde Hilfe zu schmieren, mir die Zähne zu putzen, usw. All diese selbstverständlichen, routinemäßigen Bewegungsabläufe spielten sich langsam wieder ein. Viel Unterstützung bekam ich von meinen Bettnachbarinnen, den Schwestern und Krankengymnastinnen, die mich immer wieder anhielten, gerade zu gehen, die Schulter nicht hochzuziehen und keine Schonhaltung einzunehmen. Als eine Schwester mir nach fünf Tagen das erste Mal die Haare wusch und ich das „Engelshemd" gegen ein eigenes Nachthemd tauschen konnte, kam ich mir vor wie ein neuer Mensch. Es war wie ein Freudenfest. Ich hätte nie für möglich gehalten, daß man sich über solche Kleinigkeiten so freuen kann.

Dann kam der Tag, an dem der Verband zum ersten Mal abgenommen werden sollte. Ich hatte Angst davor, an mir herunterzuschauen, zu sehen, wie ich ohne Brust aussehen würde. Den ganzen Morgen wartete ich aufgeregt auf die Visite. Dann erschienen sechs Ärzte, zwei Schwestern und zwei Krankengymnastinnen. Alle standen um mein Bett herum. Ich fühlte mich wie ein seltenes Tier im Zoo. Der Arzt, der mich operiert hatte, gab seinen Kollegen einige Erklärungen „zu meinem Fall" und zog den Verband ab. Ich hätte am liebsten losgeheult, beherrschte mich aber aus Scham vor den vielen „Betrachtern". Erst als alle das Zimmer verlassen hatten, ließ ich meinen Tränen freien Lauf. Zum einen vor Erleichterung – das Ergebnis sah wirklich gut aus. Der Ansatz zu einer „neuen" Brust war da, und die lange Narbe sah nicht so schlimm aus, wie ich es befürchtet hatte. Zum anderen mußte ich weinen, weil ich über den Verlauf dieser für mich so wichtigen Visite richtig wütend war.

Als ich im Krankenhausgarten die ersten Male mit meinem Mann spazierenging, hatte ich immer das Gefühl, daß alle Leute, die uns entgegenkamen, auf meine linke Brust starren würden. Mein Mann und auch Freunde sagten mir immer wieder, daß ich mir das nur einbildete, und es hat einige Zeit gedauert, bis sich dieses Empfinden gelegt hat. Ich denke, es hatte damit zu tun, daß ich erst selbst mit meinem veränderten Aussehen zurechtkommen mußte. Ich mußte lernen, mich selbst wieder ganz anzunehmen, bis ich anderen selbstbewußt und sicher entgegentreten konnte.

Bei der zweiten Operation wurden auch die Lymphknoten auf ihren Krebsbefall hin untersucht. Wieder war ich hin- und hergerissen zwischen Hoffen und Bangen. Ich hatte mich an die Hoffnung geklammert, daß mir doch wenigstens die Chemotherapie erspart bleiben würde. So traf es mich wie ein Schlag, als sich das Gegenteil bewahrheitete. Einige Lymphknoten waren karzinomdurchsetzt, und die Ärzte rieten mir dringend zu einer Chemotherapie. Meine Vorstellung von einer Chemo war, ein halbes Jahr lang mit einer Brechschale in der Ecke zu liegen.

Dieser Befund mit seinen Konsequenzen war eine harte Prüfung für meinen Glauben an Gottes Liebe und Güte. Ich war enttäuscht von Gott, fühlte mich ungerecht behandelt. Wie konnte er so etwas zulassen? – Ich habe mit ihm gehadert. Im Gespräch mit anderen wurde mir klar, daß ich keine Antwort auf die Frage „Warum ich?" bekomme. Gott hat mir nirgends in der Bibel versprochen, daß ich ein sorgloses, immer gutes und schönes Leben führen werde, verschont von allen Härten, Leid und Traurigkeit. Bisher hatte ich mit dieser Seite des Lebens nicht viel zu tun gehabt. Aber es ist ein Teil der Welt, in der wir als Christen leben und vor dem wir die Augen nicht verschließen können.

In unserer Gemeinde wurde bekanntgegeben, weshalb ich im Krankenhaus lag. Ich bekam viel Besuch. Es hat mir geholfen, mit Menschen, die mich kennen, über meine Krankheit zu sprechen. Je mehr ich darüber reden konnte, desto wirklicher wurde für mich, daß ich Krebs hatte. Ich war froh darüber, daß Leute sich getraut haben, mich zu besuchen und sich mit dem Thema Krebs auseinanderzusetzen. Sie haben gemeinsam mit meinem Mann und unseren Familien meine Tränen und meine Wut ausgehalten. Und sie haben mir Mut und Hoffnung zugesprochen und meinen Blick nach vorne gerichtet. Das Wissen, daß viele Menschen für mich und meinen Mann beteten, hat uns getragen. Wobei ich ganz ehrlich sagen muß, daß uns selbst manchmal die Worte für ein Gebet gefehlt haben.

Dieses halbe Jahr Chemotherapie war eine harte Zeit. Nicht so, wie ich befürchtet hatte, aber es führte mich an die Grenzen meiner psychischen und körperlichen Belastbarkeit heran. Die erste Chemo bekam ich vierzehn Tage nach der zweiten Operation noch im Krankenhaus. Einen Tag blieb ich nach den Infusionen noch zur Beobachtung im Krankenhaus. Dann wurde ich endlich entlassen und konnte nach Hause. Nach über drei Wochen in der Klinik fühlte ich mich wie ein „Tiger im Käfig" und wollte nur noch raus. Mein Mann hatte mich vorher schon einige Male für einen Tag „entführt", ist mit mir spazierengegangen oder zum Kaffeetrinken in den Taunus gefahren. Es hat mir wirklich gutgetan, mal etwas anderes zu sehen als weiße Betten, weiße Kittel und Kranke. Diese Fahrten „in das reale Leben" waren für mich sehr aufmunternd.

Im Krankenhaus hatte mir eine der Bettnachbarinnen, die Friseuse ist, einen flotten Kurzhaarschnitt verpaßt. Ich wußte, daß mir wahrscheinlich schon nach der ersten Chemo die Haare ausgehen würden. Ich war darauf vorbereitet, daß ich eine Glatze haben würde. Deshalb hatte ich mir gleich nach der Entlassung eine nette Perücke ausgesucht. Als ich mir dann eines Morgens die Haare kämmte und sie büschelweise im Kamm wiederfand, war der Schreck dennoch groß. Wieder etwas Neues, wieder eine Veränderung, etwas, auf das man sich einstellen mußte. Nach eineinhalb Wochen – ich hatte inzwischen die zweite Chemo bekommen – war ich es leid, überall Haare zu finden. In jedem T-Shirt, das ich aus- oder anzog, hingen sie, wo ich mich anlehnte, im Bett – ständig lagen überall Haare herum. Letzten Endes setzte ich mich in die Badewanne, und mein Mann schnitt mir radikal alles runter, was noch auf dem Kopf war. Ich hatte endlich Ruhe – und eine Glatze. Als ich mich dann selbst zum ersten Mal so im Spiegel sah, war ich mir völlig fremd. Aber irgendwie haben wir diese Veränderung mit viel Humor getragen. Wir fanden beide, daß ich eine ausgesprochen hübsche Kopfform habe, die nun endlich einmal zur Geltung kommt.

Da der Antrag zur Kostenübernahme der Perücke bei der Krankenkasse noch nicht durch war, mußte ich mir eine Zeitlang mit einem Tuch behelfen. Eine Frau aus einer Nachbargemeinde, die selbst vor zehn Jahren an Krebs erkrankt war, gab mir hilfreiche Tips, wie man sich ein Tuch so um den Kopf wickeln kann, daß es flott aussieht und nicht negativ auffällt. Mit dieser Kopfbedeckung fühlte ich mich auf Dauer aber doch nicht richtig wohl, weil ich den Eindruck hatte, angestarrt zu werden. Deshalb war ich erleichtert, als ich erfuhr, daß mein Antrag genehmigt worden war und ich die Perücke abholen konnte. Wieder war ich mir selbst erst fremd, fühlte mich aber weniger beobachtet und deshalb in der Öffentlichkeit wohler. Zu Hause war ich immer froh, wenn ich das Ding absetzen konnte und Luft an den Kopf kam.

Im Verlauf der Chemo entwickelte sich in mir eine immer stärkere Abneigung gegen diese Behandlung und gegen alles, was damit zusammenhing. Es fiel mir immer schwerer, mir einzureden, daß das Gift, das da in meinen Körper lief, mir half, wieder gesund zu werden. Mir wurde schon im Foyer vom Krankenhausgeruch übel, ich entwickelte eine Abneigung gegen die Farbe Rot, weil eines der Zytostatika eine widerliche knallrote Farbe hatte. Ich bildete mir ein, die Medikamente förmlich im Mund zu schmecken. Und ich kann bis heute nicht mit Genuß Hähnchenschenkel essen, da ich immer an dem Tag, an dem es im Krankenhaus Hähnchenschenkel gab, zur Chemo dort war. Gegen Ende der Therapie mußte ich mich schon vor den Infusionen erbrechen, obwohl das eigentlich völlig unsinnig war, aber ich konnte diese Reaktion nicht mehr über den Verstand steuern. Meine Psyche schlug mir diese Schnippchen, und ich konnte mich dagegen nicht wehren. Wenn ich mich mit den Ärzten oder Patientinnen unterhielt, die auch von der Chemo kamen, war ich immer beruhigt, daß es anderen ähnlich erging. Diese Reaktionen seien völlig normal, hieß es, und ich müsse folglich keine Angst haben, ich würde anfangen zu „spinnen". Ich lernte dadurch, wie sehr Körper und Psyche doch eine Einheit bilden und sich gegenseitig steuern und beeinflussen.

Mein Mann tröstete mich, bevor ich morgens zur Chemo ins Krankenhaus mußte: „Heute abend hast du wieder eine weniger. Die, die du heute hinter dich bringst, kannst du streichen. Sie kommt nicht wieder." Es hat ihn immer sehr mitgenommen, mich oftmals mitten in der Nacht aus der Klinik abzuholen. Ich sah total krank aus, benommen, grau im Gesicht, war todmüde.

Mein Mann, unsere Familien und Freunde haben mir in dieser Zeit sehr zur Seite gestanden. Wir haben viel unternommen, Leute besucht, Ausflüge gemacht, Spaziergänge, kurze Urlaubstrips. Es war wichtig, sich immer wieder solche Höhepunkte zu schaffen, sich darauf zu freuen, sie ganz bewußt zu genießen, sich viele schöne Dinge vorzunehmen, die man gerne tut, als Ausgleich für die harten Zeiten. Mein Mann merkte mir an, wenn sich wieder eine depressive Stimmung anbahnte, und hatte tolle Ideen, mich abzulenken und dadurch aufzumuntern. Diese Zeit hat uns zusammengeschweißt, unsere Ehe gefestigt und vertieft. Wir wissen heute stärker als zuvor, was wir aneinander haben. Gleichzeitig erleben wir vieles nicht mehr als selbstverständlich, sondern eher als Geschenk. Wir genießen es heute viel mehr, miteinander Zeit zu verbringen. Das Leben hat an Tiefe gewonnen.

Meine Krebserkrankung machte uns einen schmerzlichen Strich durch unsere Familienplanung. Wir hatten uns immer Kinder, eine Familie gewünscht. Solange mein Mann noch studierte und ich arbeiten ging, stellten wir diesen Wunsch zurück. Jetzt wissen wir, daß ich drei Jahre nach der Chemo nicht schwanger werden sollte. Was nach dieser Frist sein wird, haben wir uns noch offengelassen. Die Frage, ob durch eine Schwangerschaft ein Rückfall eventuell begünstigt werden könnte, ist für uns noch nicht geklärt. Wir lernen auch in diesem Punkt Prioritäten neu zu setzen und Wünsche loszulassen. Wir haben eine Gelassenheit darüber bekommen, daß in punkto Kinder unsere Zukunft noch ungewiß ist.

Was mich schon im Krankenhaus beschäftigte, war die Passivität, mit der man dieser Krankheit erstmal ausgeliefert ist. Krebs bricht aus, zunächst ohne ersichtlichen Grund, ohne daß man die Ursache kennt. Man wird behandelt, operiert und therapiert. Das alles geschieht mit einem, ohne daß man als Patient das Gefühl hat, selbst etwas dazu beitragen zu können, ohne den Krankheitsverlauf mit unterstützen zu können. In mir entstand der starke Wunsch, etwas beisteuern zu wollen, damit ich gesund werde. Die Frage „Was kann ich aktiv tun, außer alles über mich ergehen zu lassen?“ beschäftigte mich.

Ich bin überzeugt davon, daß man als Betroffener eine Menge tun kann, sei es im Bereich der Ernährung oder der biologischen und naturheilkundlichen Krebsabwehr, um das Immunsystem zu stärken. Hinzu kommt die seelische Bewältigung und Verarbeitung. Man muß sich mit all diesen Möglichkeiten beschäftigen, sich informieren und auseinandersetzen. Darüber hinaus sollte man auch eine Beratung nicht scheuen und sich mit Betroffenen austauschen, um dann einen eigenen Weg zu finden. Die Entscheidung, was man zusätzlich zur rein konventionellen, schulmedizinischen Krebsbehandlung tun will, muß jeder für sich alleine treffen und dann auch verantworten und dahinterstehen. Diese Überlegungen haben mir dabei geholfen, aus der lähmenden Passivität herauszufinden.

Sofern die Krankheit nicht nochmals ausbricht, scheint die schwerste Zeit hinter mir zu liegen. Und ich muß rückblickend sagen, daß Gottes Hilfe und sein Durchtragen wirklich spürbar waren und sind. Ich bin froh, daß ich diese Zeit nicht ohne ihn durchstehen mußte. Ich lerne mit der Ungewißheit zu leben, daß ich nicht weiß, was kommt. Deshalb wünsche ich mir mehr Gelassenheit in Zeiten, in denen Angst sich breitmacht. Ich möchte lernen, mein Leben mehr in Gottes Hände zu legen und vieles an ihn abzugeben, denn er hält es ja sowieso.

Ich will nicht aufgeben, gegen den Krebs zu kämpfen, denn ich will leben und gesund werden. Aber ich will lernen, diesen Lebensweg anzunehmen, mit diesem neuen, anderen Leben versöhnt sein. Krebs zu haben ist für mich ein Lernprozeß und somit eine Chance, das bisherige Leben zu überdenken, sich neu auszurichten. Mit Krebs kann man leben, vielleicht anders als vorher, nicht mehr so unbeschwert – aber man kann leben!

Walter Daniel Rose

65 Jahre
verheiratet, 3 Kinder
Technischer Kaufmann i.R.
Berlin

Walter Daniel Rose

Wenn der Glaube real wird

Es schien alles so einfach. Da stand es doch schwarz auf weiß in der Bibel: „Bittet, so wird euch gegeben . . ." – „Was ihr bitten werdet in meinem Namen, das will ich tun." – „Alles, was ihr bittet im Gebet, werdet ihr empfangen, wenn ihr glaubt" (Lk. 11,9; Joh. 14,14; Mt. 21,22). Ich war von der Zuverlässigkeit dieser biblischen Zusagen überzeugt, auch was meine persönlichen Probleme betraf. Ich hatte einfach beschlossen, ohne jeden Zweifel daran festzuhalten. Gläubige Verwandte und Freunde bestärkten mich, christliche Literatur ermutigte mich.

Mein Problem, das war die Leukämiekrankheit unserer kleinen Tochter Annetraud. Die Diagnose, erstmals 1966 gestellt, bedeutete nach dem damaligen Stand der Medizin beinahe ein sicheres Todesurteil, denn es gab noch keine Medikation, mit der man erkrankte Kinder mehr als zwei bis drei Jahre am Leben erhalten konnte. Aber – so sagte der Arzt – man stünde kurz vor einem Durchbruch in der Forschung. Also gab es – auch menschlich kalkuliert – eine gewisse Aussicht auf Rettung. Intensives und treues Gebet und auch die Fürbitte vieler Menschen – mußte Gott das nicht erhören?

Es kam anders. An einem Sonntagmorgen, als ich die damals Vierjährige aus der Universitätsklinik abholen wollte, wo sie nach einer Krise angeblich wiederhergestellt war, fand ich sie bereits sterbend vor. Und das nach zweijähriger Krankheit mit viel Auf und Ab.

Für mich begann eine der schlimmsten Prüfungen meines Lebens, denn ich geriet – von allem menschlichen Schmerz einmal abgesehen – in fürchterliche Glaubensanfechtungen. Auf einmal schienen alle diese Verheißungen widerlegt. Und nicht nur das: Ich begann auch an den Grundlagen und Voraussetzungen meines 30jährigens Glaubenslebens zu zweifeln. Was stimmte denn nun noch an der Bibel? Und wozu taugte Gebet, wenn es doch nicht erhört wurde? Hatte ich etwas Wesentliches falsch gemacht?

Die Krise dauerte über ein halbes Jahr, und ich sah keinen Ausweg. Von nirgendwo erhielt ich Antworten, die mich einigermaßen weitergebracht hätten, weder von gläubigen Verwandten und Freunden, noch von Geistlichen oder aus dicken Büchern. Es ging durch ein finsteres Tal ohne Lichtblick. Nicht einmal zum Gottesdienstbesuch hatte ich noch Lust. Auch das Buch Hiob, das ich immer wieder las, gab mir keinen Trost. Bildlich gesprochen begann ich zu prüfen, ob Zwei mal Zwei wirklich Vier ist. Ich mußte noch mal ganz von vorn anfangen – mit der Bibel, mit Gott, mit Jesus. Und ich kam schließlich an den Punkt, wo ich wie Petrus ausrief: „Herr, wohin soll ich gehen? Du hast Worte des ewigen Lebens." (Joh. 6,68)

Von da an begann ich, allmählich wieder aus dem Tal heraufzusteigen und gewissermaßen ein zweites Mal Christ zu werden. Ich habe nicht auf alle meine Fragen Antwort gefunden. Ich habe sogar einsehen müssen, daß Gott uns in manchen Dingen bewußt im Dunkeln tappen läßt. Er ist souverän. Er kann auch die Erfüllung von Bitten verweigern; und nicht immer erfahren wir, warum er so oder so entscheidet. Aber es gilt auch dann seine Zusage, daß er über uns Gedanken des Friedens und nicht des Leides hat; daß er, wenn wir ihn von ganzem Herzen suchen, unser schweres Geschick wenden will (Jer. 29). Er läßt uns so – und zwar nicht nur durch die Bibel – in sein liebendes Vaterherz blicken. Das kann dazu führen, daß wir ganz anders als vorher beten und bitten. Dann werden wir bereit, unsere Wünsche zurückzustellen zugunsten seiner alles übergreifenden Pläne, deren Größe wir Menschen in unserer Begrenztheit nicht erfassen können. Ich habe mich damals ganz neu Jesus zugewandt und ihn gebeten, mich herauszuretten aus Zweifeln und Verzagtheit. Er hat es getan.

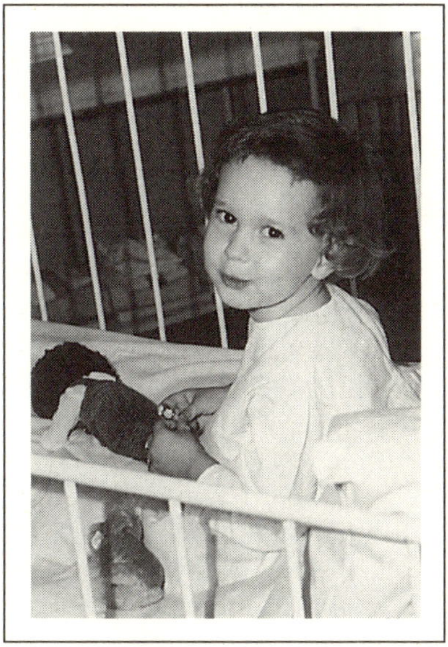

Annetraud Rose

Letztlich bin ich aus der Krise gestärkt hervorgegangen – bis mich Jahre später erneut eine ähnlich erschütternde Nachricht erreichte: Die Diagnose nach einer eher routinemäßig veranlaßten Blutuntersuchung war ebenso unerwartet wie schockierend.

„Sie leiden an Plasmozytom, einer dem Krebs verwandten Krankheit, die zwar behandelbar, aber nicht heilbar ist."

„Dann weiß ich also meine künftige Todesursache?"

„Nicht unbedingt", so die leicht ironische Antwort der Ärztin. „Bis die Krankheit voll ausbricht, kann es noch ein paar Jahre dauern. Und natürlich können Sie auch an etwas ganz anderem sterben."

So das Gespräch vom Frühjahr 1985.

Sieben Jahre später, nach einer schweren Infektion mit hohem Fieber, trat das Plasmozytom unvermittelt in das entscheidende Stadium III, von wo aus es nach ärztlicher Aussage nur noch „Stagnation" und „Progression" geben würde, das heißt, unter gewissen Umständen bestenfalls ein vorübergehendes Beharren auf der jeweiligen Stufe, danach schubartig eine Verschlechterung, bis ...

Solche Verschlechterungen sind dann bei mir von Jahr zu Jahr deutlicher geworden. Das Plasmozytom ist eine in den Knochen, vor allem der Wirbelsäule, nistende Erscheinung, deren Ursache niemand kennt. Die Krankheit ist nicht erblich und nicht übertragbar. Eine körperfremde Plasmaschicht „verkleistert" gewissermaßen die Knochenwandung von innen und behindert so einerseits die ordnungsgemäße Blutneubildung, andererseits verfällt die Knochenstruktur, weil sie entkalkt und damit porös wird. Dadurch besteht eine ständige, zunehmende Bruchgefahr. Über zwanzig Knochen weisen bei mir mittlerweile solche „pathologischen Brüche" auf: Brust- und Lendenwirbel, das Brustbein, die Rippen, der Oberschenkelhals, ein Mittelfußknochen. Natürlich verursachen diese Schäden Schmerzen, die aber bald weitgehend wieder abebben. Die Schmerzbehandlung stellt jedoch ein besonderes Problem dar.

Die Verheilung erfolgt leider unvollkommen. Ich bin gehbehindert und gelte als 100% schwerbeschädigt. Bluttransfusionen sind mehr oder weniger regelmäßig erforderlich, dazu wird in kurzen Abständen Chemotherapie angewandt, mit sehr unangenehmen Nebenwirkungen, zum Beispiel Luftmangel, großer körperlicher Schwäche, Appetitlosigkeit, Übelkeit, Haarausfall und anderem. Ich mußte mich vor rund einem Jahr, mit 63, vorzeitig aus dem Berufsleben verabschieden. Meine Lebenserwartung hat sich, medizinisch betrachtet, drastisch verringert. Laut Aussage des mich behandelnden Onkologie-Professors, den ich um ein offenes Wort bat, ist es fraglich, ob ich den nächsten Jahreswechsel noch erlebe.

Soviel über meinen gesundheitlichen Status und meine Zukunftsaussichten aus dem Blickwinkel der Mediziner.

„Wie kannst du denn mit einer solchen Voraussage leben?" fragte mich mein Pfarrer, fragen mich Verwandte und Freunde, die sich in meine Lage zu versetzen versuchen und die treu für mich beten.

Ich bin ein Kind Gottes und weiß mich in der Hand meines Herrn, im Leben und im Sterben. Doch dieser Glaube wird erst dann real, wenn der entscheidende Zeitpunkt näher vor Augen rückt. Ich kann ja, wenn Gott es will, morgen schon tot sein, zum Beispiel nach einem Kreislaufzusammenbruch; ich kann heute noch von einem Auto erfaßt werden und ums Leben kommen. Darf einen Menschen, der in ständiger Verbindung zu seinem Vater im Himmel steht, diese Aussicht erschrecken? Unser Leben hat doch einmal – so oder so – ein Ende, das Gott bestimmt. Warum sollte die Ursache nicht Krebs oder etwas ähnliches sein?

Warum, ja warum? Diese Frage hat mich bei Krankheitsbeginn oft bewegt, ohne daß ich eine Antwort gefunden hätte. Sie steht mir, wie ich meine, auch nicht zu. Deshalb habe ich aufgehört, sie mir weiter zu stellen. In gewisser Hinsicht bin ich sogar dankbar für die Aussicht, daß mir der Tod nähergekommen ist, denn ich habe auf diese Weise die Motivation gewonnen, manches Projekt abzuschließen, manches in meiner Vergangenheit noch einmal aus dem „Blickwinkel der Ewigkeit" zu überdenken und zu bereinigen. Ich möchte diesen oder jenen um Vergebung bitten, mich von einigem lösen, anderes geordnet übergeben, nicht zuletzt: ein bereichertes Gebetsleben führen. Dazu inspiriert mich immer wieder meine tapfere Frau.

Zum anderen habe ich mich auch noch nicht gesundheitlich aufgegeben. Nicht nur, weil mir erst kürzlich von zwei Seiten versichert wurde, es seien Fälle meiner Art bekannt geworden, wo medizinisch unerklärliche „Spontanheilungen" erfolgt seien. Als ich in meiner ersten schweren Gesundheitskrise mit hohem Fieber im Bett lag, fasteten und beteten die Mitglieder meines Hauskreises mehrere Tage lang. Sie erhielten den übereinstimmenden Eindruck, ich würde dank Gottes Eingreifen noch einmal ganz gesund werden. Als ich selber längere Zeit danach dieses Anliegen zum Gegenstand eines inständigen Gebetes gemacht hatte, bekam ich in der folgenden Nacht im Traum die – ich möchte sagen: akustische – Antwort: „In diesem Falle besteht eine Heilungsmöglichkeit."

Etwas Ähnliches ereignete sich an meinem letzten Geburtstag im vorigen Jahr, als es mir gesundheitlich sehr schlecht ging und ich aus Platzmangel in einem Geräteraum der Klinik lag. Kurz vorher hatte man meine Frau schon „für alle Fälle" gebeten zu kommen. Ich hörte plötzlich überraschend das Wort aus

Psalm 118, Vers 17: „Ich werde nicht sterben, sondern leben und des Herrn Werke verkündigen." Das hatte für mich noch einen besonderen Gesichtspunkt, der mir unvermittelt vor Augen kam: In den letzten Jahren hatte ich eine Vielzahl geistlicher Gedichte und Lieder verfaßt, die in dicken Ordnern vor sich hin altern. Jetzt also „kaufe ich die Zeit aus", indem ich versuche, sie druckreif zu überarbeiten und zu veröffentlichen. „Des Herrn Werke verkündigen", das soll auch sonst viel mehr als früher Grundlage meiner verbleibenden Lebenszeit sein. Ich konnte inzwischen manchem Besucher und auch Nachbarn ein glaubwürdigerer Zeuge sein, als es ohne diese Krankheit möglich gewesen wäre.

„Mit Krebs leben"? Ja, als Jünger Jesu sollte man das können. Jeder neu geschenkte Tag, vor allem wenn er nicht von größeren Beschwerden geprägt ist, wird unendlich wertvoll. Jede Freude an Gottes Gaben, auch die kleinste, jede menschliche Zuwendung, gilt es zu genießen. Sie steigern die Vorfreude auf das, was einmal sein wird und woran ich froh und fest glauben darf – ganz bei ihm zu sein.

GEBET

Ich bitte, Vater, nicht, du woll´st mir geben
ein müheloses, lastenfreies Leben
auf Wegen, die bequem, gerad und eben.
Nicht Sattheit, Reichtum ist, was ich begehre,
nicht Anerkennung, Menschenruhm und Ehre.
Nicht, daß kein Leid, kein Siechtum mich beschwere,
Gefahr, Not, Unheil drohe meinen Schritten,
noch Festigkeit ermangle meinen Tritten.
Um dieses alles will ich dich nicht bitten –
nur um Gewißheit, daß du auf mich blickst
und daß mir alles frommt, was du mir schickst,
daß auch in schwerer Zeit du mich erquickst,
weil dir ja meine Schwachheit ist bekannt.
Bleib, Vater, mir in Liebe zugewandt,
und halt mich ewig fest in deiner Hand.

Elke Werner

39 Jahre
verheiratet
Lehrerin
Marburg

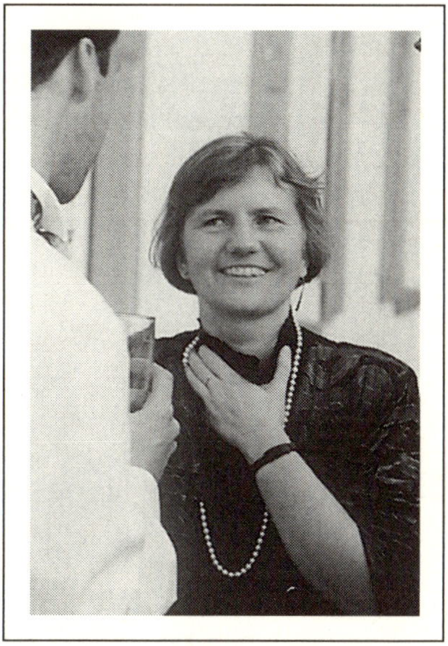

Elke Werner

Sterben ist wie eine Geburt

Kaum jemand setzt sich freudig und ohne aktuellen Anlaß mit dem Tod auseinander. Vor genau sieben Jahren gab es einen Anlaß: die Diagnose hieß Krebs. Ich litt damals zwei Jahre lang unter starken Schmerzen im Bauch. Mein Arzt hatte mich meist mit pflanzlichen Darmmitteln behandelt und mir empfohlen, mir weniger Streß zu machen. Doch die Schmerzen blieben. Schließlich kam ich ins Krankenhaus, auf die Infektionsstation. Die ersten Untersuchungen ergaben Salmonellen, Magenschleimhautentzündung und eine Erkrankung des Lymphsystems. Nach der Punktion eines Lymphknotens stand fest, daß es sich um Morbus Hodgkin handelt, eine Krebserkrankung des Lymphsystems. Eine Bauch-Operation, bei der ein Knoten entfernt wurde, brachte die Bestätigung.

Alle Krankheitssymptome ergaben plötzlich ein einheitliches Bild. Mein Hautausschlag (vom Hautarzt als endogenes Exzem diagnostiziert) und die Fieberschübe, alles paßt zum Erkrankungsbild des Morbus Hodgkin. Ich bin mittlerweile im dritten von vier Stadien der Erkrankung. Es sind mehrere Knoten befallen, aber noch keine Organe. Nach Aussagen der Ärzte beträgt die Chance, geheilt zu werden, bis zu 80 Prozent. Hodgkin gehört zu den Krebserkrankungen, die die besten Aussichten auf absolute Heilung haben.

Seitdem der Befund vorliegt, ist mir vieles sehr wichtig geworden. Ich weiß, daß viele Freunde für mich und meinen Mann Roland beten. Wir wissen das sehr zu schätzen. Wir haben von Anfang an immer wieder deutlich gemacht, daß diese Krankheit, auch wenn sie Krebs heißt, nicht die Herrschaft über mein Leben gewinnen soll. Jesus allein ist mein Herr, und er bestimmt, wann und wie ich sterbe. Für mich ist Krebs kein Todesurteil. Mich hat die Reaktion vieler anderer Christen erstaunt und oft traurig gestimmt. Für manche stehe ich schon mit einem Bein im Grab.

Ich bin bereit zu sterben. Ich habe mir viele Gedanken gemacht, wie es bei Jesus sein wird. Ich bin jedoch kein Held oder Märtyrer, ich liebe das Leiden nicht und habe auch Angst vor langer Krankheit. Aber ist es nicht für Christen das Ziel unseres Lebens, bei Jesus zu sein? Ist nicht unsere Perspektive von der Auferstehungshoffnung verschoben, wenn wir uns genauso an dieses Leben klammern wie die Menschen, die Jesus nicht kennen? Natürlich hänge ich an meinem Mann, meiner Familie und vielen lieben Menschen. Aber ist es nicht meine eigentliche Bestimmung, in Gottes neuer Welt zu leben?

Roland und ich beten um Heilung, und wir glauben auch daran. Gott hat mir durch das Lesen in der Bibel und durch andere Christen viele Verheißungen gegeben, daß ich wieder gesund werde. Aber diese Hoffnung braucht als Hintergrund die Bereitschaft, daß sich Jesus durch mich auch im Leiden und Sterben verherrlichen kann. So viele Menschen haben Krebs! Sollte Jesus denn alles Leid von uns fernhalten? Ist er nicht selbst auch den Weg des Leidens gegangen? Sagt er nicht: „Ich bin krank gewesen . . .“?

Nach und nach kamen die Schwestern und Ärzte der Station zu mir und fragten, von welcher Hoffnung ich lebe und wieso

Elke und Roland Werner

ich so gelassen mit der Krankheit umgehen kann. Ich konnte ihnen von Jesus erzählen, der dem Tod die Macht genommen hat und der mein Herr ist. Ich weiß, daß Gott mich liebt und mich nicht benutzt wie einen Gegenstand. All das – die Operation, die Untersuchungen, die Chemotherapie – wird in meinem Leben Frucht bringen. Jesus arbeitet an mir und rückt mich und mein und unser Leben zurecht. Jesus hat mich die ganze Zeit gehalten, getröstet und gestärkt. Es ging mir bisher seelisch außerordentlich gut. Auch in vielen kleinen Dingen und auf dem Weg der Therapie zeigt Gott mir seine Liebe und Fürsorge. Ich habe großes Vertrauen zu ihm. Er kann mich spontan heilen, er kann mich auch durch die Chemotherapie heilen. Und woran und wann ich sterbe, bestimmt allein er!

Inzwischen liegt die Chemotherapie, die fast ein Jahr dauerte, bereits fünf Jahre hinter mir. Am Ende der Therapie hatte ich eine komplette Remission erreicht. Das heißt, daß es keine Anzeichen von Krebs mehr gab. Das gilt auch bis heute. Statistisch gesehen habe ich zu 50 Prozent die Chance, gesund zu bleiben.

Doch Statistiken helfen nicht. Hinter jeder Zahl steht ein konkretes Menschenleben mit all seinen Hoffnungen und Ängsten. Und woher kann ich wissen, in welcher statistischen Größe ich mich wiederfinden werde? Jesus sagt: „Wer von euch kann durch Sorgen seinem Leben auch nur eine Spanne hinzufügen?"

Je länger meine Krankheit zurückliegt, desto mehr spüre ich nun aber die Angst vor einem Rückfall. Sicher spielt dabei die Erfahrung der sehr harten Chemotherapie eine Rolle. Von Mal zu Mal (ich bekam sechzehn Therapien) wuchs die Angst vor den Nebenwirkungen der Medikamente. Auch jetzt noch steigt in mir eine vorher nicht gekannte Panik hoch, wenn ich an eine möglicherweise erneute Therapie denke. Ich konnte es mir lange Zeit nicht erklären, warum ich im Augenblick der wirklichen Todesnähe so gefaßt und fast freudig war, zu Jesus zu gehen, und warum ich jetzt, wo es mir wieder so gut geht, mehr Angst verspüre. Ein Bild, das mir beim Beten über dieser Frage in den Sinn kam, hat mir sehr geholfen. Wenn ein kleines Kind hinfällt und sich die Knie aufschlägt, hebt der Vater oder die Mutter es hoch und tröstet es, indem er oder sie das Kind fest in die Arme nimmt. Doch irgendwann hat sich das Kind beruhigt, und die Eltern stellen es behutsam wieder auf die Beine. Dann spürt es den Schmerz wieder ganz stark, aber die Eltern können es ja nicht ständig auf dem Arm tragen. Die Wunde wird heilen, auch wenn es im Augenblick noch weh tut. Und die Tatsache, daß die Eltern das Kind trotz der Schmerzen wieder laufen lassen, zeigt nur, daß es nicht ganz so schlimm sein kann. Ich muß also wieder allein laufen lernen, ohne die Nähe Jesu so intensiv zu spüren wie damals. Aber dennoch weiß ich, daß Jesus mir nahe ist und daß die Wunden heilen werden.

Bei einer Podiumsdiskussion über Tod und Sterben anläßlich des Kirchentages in Berlin wurde ich als „Betroffene" eingeladen. Während die anderen Podiumsteilnehmer meinten, man müsse äußerst vorsichtig mit Sterbenden umgehen und könne ihnen nicht einfach von Gott und dem ewigen Leben erzählen, war meine Ansicht, daß wir ruhig versuchen sollten, davon zu reden. Meine Erfahrungen auf der Krebsstation waren zeitlich begrenzt, da ich meistens ambulant behandelt wurde. Aber ich stellte doch immer wieder fest, daß meine Mitpatienten sehr intensiv über Tod, Sterben und das ewige Leben nachdachten. Mehrmals wurde ich gefragt, ob ich keine Angst vor dem Sterben hätte. Ich konnte damals aus vollster Überzeugung sagen, daß ich zwar etwas Angst vor dem Weg bis zum Tod hätte, aber keine Angst vor dem Tod selbst. Ich glaube fest, daß Jesus dort auf mich wartet und daß das eigentliche Leben erst vor mir liegt. Und wenn ich davon überzeugt bin, daß Jesus den Tod überwunden hat und auferstanden ist, dann kann und muß ich das doch gerade den Menschen sagen, die vielleicht schon kurze Zeit später vor Gott stehen werden.

Die Sprachlosigkeit angesichts des Todes hat sich auch unter Christen eingeschlichen. Man hat uns mundtot gemacht durch den Vorwurf, wir würden die Menschen nur auf das Jenseits vertrösten. Vielleicht ist das in der Vergangenheit auch geschehen. Aber das sollte uns nicht daran hindern, im rechten Maß über das ewige Leben zu sprechen. Auch in unseren Gemeinden wird kaum darüber oder über die Auferstehung Jesu von den Toten geredet. Die Botschaft von der Auferstehung reißt heute keinen mehr vom Hocker. Und wir sollten uns selbst mal ganz ehrlich prüfen, ob wir wirklich ganz und gar von der leiblichen Auferstehung überzeugt sind.

Vielleicht hat uns die moderne Theologie mit ihrer veränderten Auffassung von der Auferstehung mehr beeinflußt, als uns bewußt ist. Jedenfalls findet man in Gemeinden und Kirchen kaum die Vorfreude auf das ewige Leben, die man bei den ersten Christen finden konnte. Im 1. Korintherbrief beschreibt Paulus sehr eindringlich, was der Glaube ohne die Auferstehungshoffnung wert ist: „Hoffen wir allein in diesem Leben auf Christus, so sind wir die elendesten unter allen Menschen. Nun aber ist Christus auferstanden von den Toten!“ (1. Kor. 15,19f.)

Daß wir wenig über das ewige Leben sprechen, hängt sicher auch damit zusammen, daß in der Bibel wenig darüber ausgesagt ist, wie es nach dem Tod sein wird. – Warum wohl? Mir hat ein Bild geholfen, das ein afrikanischer Prediger gebrauchte: Er verglich unser Leben hier und jetzt mit dem Leben eines Embryos im Mutterleib. Ich habe dieses Bild etwas weitergesponnen und möchte es als Hilfe weitergeben, das Geheimnis vom Tod und vom Leben besser zu verstehen:

Ein Kind im Mutterleib wurde nicht gefragt, ob es leben wollte. Es wächst heran und lebt von der Existenz der Mutter. Gäbe es die Mutter nicht, gäbe es auch das Kind nicht. So leben wir alle von der Tatsache, daß es einen Gott gibt, der uns das Leben ermöglicht und erhält. In ihm ist das Leben, heißt es in der Bibel.

Das Kind lebt geborgen im Mutterleib. Es kennt nur diese Art von Leben und kann sich gar nichts anderes vorstellen. Eine Form der Kommunikation mit der Mutter ist zwar vorhanden, aber es kann sie noch nicht sehen. So ist es auch mit uns. Wir kennen nur dieses Leben hier in der noch nicht aufgehobenen Unsichtbarkeit Gottes. Wir fühlen uns wohl hier, und obwohl vieles finster ist, meinen wir, hier am sichersten zu sein.

Dem Kind im Mutterleib wachsen Organe, die es noch gar nicht gebrauchen kann. Sie weisen auf ein Leben außerhalb des Mutterleibes hin. Es hat Ohren, mit denen es noch nicht viel anfangen kann. Selbst die Augen sehen in der Dunkelheit nichts. Hände und Füße kommen noch nicht zum sinnvollen Einsatz. Ebenso gibt es in unserem menschlichen Leben Hinweise auf eine Dimension des Lebens, die wir hier auf dieser Erde noch nicht erreichen werden. Gerechtigkeitsempfinden, die Sehnsucht nach bleibenden Werten, Liebe und viele andere Regungen des menschlichen Herzens lassen ahnen, wie es in Gottes neuer Welt zugehen wird.

Einem Kind im Mutterleib kann man noch nicht erklären, daß es einmal laufen, im See schwimmen, zur Schule gehen, sich verlieben und arbeiten wird. In der Dimension des Embryos tauchen solche Dinge nicht auf, und es würde sie weder verstehen noch sich vorstellen können, wovon wir reden. Vielleicht würde es sich auch überfordert fühlen und viel lieber beim Gewohnten bleiben wollen.

Es kann sein, daß Gott uns deshalb keinerlei Beschreibung des ewigen Lebens gegeben hat. Und die wenigen Hinweise, die es gibt, verstehen wir kaum. Aber wir können wissen, daß das Eigentliche, das ewige Leben, erst noch vor uns liegt. Das

Leben hier ist die Vorbereitung darauf und als solche äußerst wertvoll und wichtig. Und dann kommt irgendwann die Geburt. Ein schmerzhafter Prozeß, in dem Mutter und Kind zusammenarbeiten. Es geht durch Enge und Bedrängung, aber hinein ins Licht und ins Leben. So ist es auch mit dem Tod. Der Prozeß des Sterbens ist immer gleich, ob ein junger Mensch stirbt oder ein alter. Ich glaube nicht, daß es härter ist zu sterben, wenn man jung ist. Der Prozeß des Sterbens ist für alt und jung der gleiche. Wenn die Zeit dazu reif ist, ruft uns Gott in seine neue Welt hinein, für die er uns vorbereitet hat.

Erika Pailer

41 Jahre
verheiratet, 2 Kinder
Lehrerin
Meersburg-Stetten

Erika Pailer mit Daniel und Oliver

Mit der Lücke leben

„Der Glaube ist wie ein Vogel, der singt, wenn die Nacht noch dunkel ist", diese Worte eines indischen Christen standen auf einer Grußkarte von Freunden, die mit uns am Grab unseres fast 12jährigen Sohnes Daniel standen. Bei allem Schmerz des Loslassens besingt das Lied aus der Dunkelheit den neuen Morgen. Vielleicht habe ich niemals so schön gesungen wie in der Nacht vom 29. auf den 30. Mai 1991 am Sterbebett meines Kindes. Ich weiß, daß für Daniel in jener Nacht die Sonne der ewigen Welt schon aufging.

Es wurde immer dunkler. Nachdem Daniels Leben durch eine siebenstündige Notoperation in der Freiburger Uni-Klinik gerettet werden konnte (man hatte ihm einen tomatengroßen Tumor am Gehirnstamm entfernt), kam ein Schlag nach dem anderen: Die Histologie ergab, daß es sich um ein bösartiges, schnell wachsendes Medulloblastom handelte, die Computertomographie zeigte Metastasen in Gehirn und Rückenmark.

Ich sehe heute noch den schweißgebadeten, verzweifelten Arzt vor mir, der Daniel operiert hatte: „Wir können nichts mehr für Ihr Kind tun."

Als Menschen, die die verändernde Kraft Gottes in ihrem Leben vielfach erfahren haben, wissen wir, daß er da, wo menschliche Möglichkeiten versagen, noch lange nicht am Ende ist. Zusammen mit den Ältesten unserer Gemeinde und mit vielen Betern zu Hause legten wir Daniel die Hände auf. Dabei war uns bewußt, daß Gott Daniel in Frieden zu sich nehmen oder auch heilen kann.

Am folgenden Tag wurde eine Kernspinresonanz-Untersuchung durchgeführt, um die Metastasen genauer zu lokalisieren. Es waren keine Metastasen mehr nachweisbar!

Die Ärzte verglichen die Bilder und sprachen von einem Wunder. Als wir fröhlich von unserem Glauben an Gott berichteten, wurde das Staunen nur noch größer.

Jetzt war wieder von Heilungschancen die Rede. Heilungschancen? Gott hatte doch für alle sichtbar eingegriffen. War Daniel nicht heil? Sollten wir die angebotene Chemo- und Strahlentherapie annehmen oder mit unserem Kind nach Hause fahren, das gestern noch als unheilbar von den Ärzten aufgegeben worden war?

Zusammen mit vielen Freunden der Gemeinde beteten wir um den richtigen Weg – und bekamen keine Antwort. Vor unseren Augen standen lediglich die düsteren Prognosen der Ärzte: Daniel ist ein sehr begabtes Kind, aber er wird nach der Therapie nur noch bedingt bildungsfähig sein; sein Wachstum und Hormonhaushalt müssen medikamentös gesteuert werden; er wird immer Gleichgewichtsstörungen haben . . .

Trotzdem entschieden wir schließlich, dem ärztlichen Rat zu folgen. Zögernd stiegen wir in die Chemotherapie ein, mit der Bitte um ein eindeutiges Zeichen, falls wir den falschen Weg eingeschlagen hätten. Die Antwort war eindeutig: Nach dem zweiten Therapieblock wurde auf Anraten der Ärzte die Chemotherapie abgebrochen. Die Nebenwirkungen waren so fatal, daß Daniels Leben dadurch erneut bedroht war.

Während der folgenden, dreimonatigen Bestrahlungszeit erlebten wir viele ermutigende Zeichen. Obwohl die Ärzte Gleichgewichtsstörungen vorhergesagt hatten, konnte Daniel wieder wie früher radfahren und surfen. Nach seinen damals noch üblichen Orientierungsarbeiten in der 4. Klasse bekam er die Empfehlung für das Gymnasium.

Daniel Pailer

Nach der Therapie ist er ohne Medikamente wieder gewachsen. Für uns war klar: Daniel ist zurück im Leben. Gott hatte ihn uns ein zweites Mal geschenkt.

Heute ist Daniel nicht mehr unter uns. Zwei Jahre nach der Therapie erlitt er einen Rückfall, und Gott hat ihn zwei Monate später zu sich genommen. Ein „Katz-und-Maus-Spiel" Gottes mit seinen Kindern? Bis heute haben wir diese Entscheidung Gottes nicht verstanden. Welche Überzeugungskraft ging von diesem Heilungswunder aus, und nun? Viele Fragen sind immer noch ungeklärt. Eines allerdings steht fest: Daniel ist am Ziel, und wir sind der Ewigkeit ein Stück nähergekommen.

Eine Freundin von uns meinte hierzu: „Ich frage mich, ob es nicht ein größeres Wunder ist, zu sehen, wie Gott euch durch dieses Leiden gesegnet hat, als wenn Daniel noch lebte."

Daniel hat Jesus gekannt und als seinen Herrn geliebt. In langen Nächten der Schmerzen und der Verzweiflung sind ihm und uns die Psalmen besonders liebgeworden. Daniel wußte, daß sein irdisches Leben zu Ende ging. Auch wenn es sehr schwer ist, mit seinem Kind über den Tod zu sprechen, so ist es andererseits auch etwas ganz Besonderes, ihm das Bild des himmlischen Jerusalem aus der Offenbarung vor Augen zu malen, wenn dieser herrliche Ort doch schon so greifbar nahe gerückt ist. Daniel wußte, daß es stimmt, wenn wir ihm sagten:

„Wenn du aufwachst, wird alles anders sein. Jesus selber wird da sein, und alles ist gut."

Mit Krebs leben? – „An Krebs sterben – mit der Lücke leben", diese Lektion hat unser Leben verändert. Der Tod hat seinen Schrecken verloren. Die Ewigkeit ist greifbar nahe geworden. Seit Daniel die Todesschwelle überschritten hat, ist die ewige Welt für uns viel konkreter geworden. Ein Teil von uns ist schon dort.

Die Psychologen würden meine Haltung eventuell „positives Denken" nennen. Manchen erscheint das vielleicht alles ein bißchen „abgehoben" oder wirkt sogar wie eine Flucht in eine Traumwelt. Wer mich kennt, weiß, daß ich ein dem Leben zugewandter Mensch bin, der die Sonnenseiten des Lebens durchaus in vollen Zügen genießt. Ich freue mich sehr an Haus und Garten, Sonne, See, Wind und nicht zuletzt an unserem neuesten Hobby, dem Motorradfahren. Darüber hinaus hat mein Leben allerdings eine neue Perspektive dazugewonnen, die ich vor Daniels Leiden und Tod in dieser Weise nicht kannte. Der Blick „darüber hinaus" gibt mir in vielen Fragen des Lebens eine neue Gelassenheit und Ruhe.

Seit zwei Jahren unterrichte ich wieder, und zwar an der Schule, die Daniel die letzten beiden Jahre seines Lebens besucht hat. Ich arbeite mit Kollegen zusammen, die Daniel unterrichtet haben, ich treffe fast täglich seine ehemaligen Klassenkameraden. Ob das nicht wieder eine große Sehnsucht nach Daniel auslöst, das fragte ich mich anfangs. – Selbstverständlich! Aber auch wenn es manchmal schmerzt, so überwiegt doch die unbändige Vorfreude, ihn wiederzusehen.

Manchmal sprechen mich Leute an, die nicht begreifen können, daß man nach solch einer harten Lebenserfahrung noch so eine „Frohnatur" sein kann. Zwei Gründe, so denke ich, sind dafür zu nennen: der ständige Kontakt mit dem lebendigen Gott über Jesus Christus und das anhaltende Gebet unserer mitkämpfenden Gemeinde.

Wenn das Heimweh mich einholt, nehme ich meine Gitarre und lobe Gott mit Anbetungsliedern. Ich reihe mich so in die Schar der Erlösten vor Gottes Thron ein.

Treffpunkt: Neues Jerusalem – Daniel ist dabei!

Helmfried Riecker

55 Jahre
verheiratet, 5 Kinder
Gründer „Sportler ruft Sportler"
Altenkirchen

Familie Riecker (1986)

Ob Beten hilft?

Meine Frau Sigrid und ich waren 20 Jahre verheiratet. Wir haben vier gemeinsame Kinder. Irgendwann im Sommer 1985 entdeckte sie in ihrer Brust einen Knoten. Als erste Reaktion darauf fingen wir an zu beten und Gott die Lage zu schildern. Dann sind wir zum Gynäkologen gefahren. Er meinte, es sehe nicht sehr bedenklich aus, und schickte uns zur Mammographie. Auch dort meinte man, daß es mit 90prozentiger Wahrscheinlichkeit nicht schlimm sei. Es folgte die Operation. Ich war nicht bei meiner Frau im Krankenhaus, sondern wurde von dort aus angerufen. Ich weiß noch genau, wie mir der Schreck in die Glieder fuhr, als der Arzt sagte, es sei etwas nicht in Ordnung. Es war so, als würde mich jemand packen und mir den Hals zudrücken, so blieb mir die Luft weg. Also doch etwas!

Ich habe Sigrid sofort besucht. Als der Arzt und ich das Krankenzimmer betraten, wußte sie auch schon, was die Stunde geschlagen hatte, und brach in Tränen aus. Es war ein tiefer Einbruch in unsere Ehe, ein Einbruch in unser Leben, in unsere Zukunft, der mich nachts nicht mehr schlafen ließ. Ich erinnere mich noch an die erste Nacht, in der ich verzweifelt aufwachte und überlegte: „Was machst du eigentlich? Deine Frau hat wirklich Krebs!"

Ich bin dann, wie schon so oft in meinem Leben, in Gedanken einige Bibelworte durchgegangen.

In einer anderen Notsituation hatte ich das schon einmal gemacht, und Gott hatte mir damals wirklich geholfen. Ein Vers aus dem Petrusbrief fiel mir in dieser Nacht wieder ein: „Alle eure Sorge werft auf ihn, denn er sorgt für euch!" Ich fing an, dieses Wort zu buchstabieren: *„Alle eure Sorgen werft auf ihn, denn er sorgt für euch."*

Als ich das getan hatte, war alles in mir ruhig, und ich drehte mich um und schlief ein. So habe ich wiederholt gemerkt, daß Verse aus der Bibel und auch das Beten eine große Hilfe sind.

Normalerweise wird das Gebet unter der Rubrik: „Vielleicht hilft es" eingeordnet. Das ist ein sehr menschliches Denken. Aber in Krisenzeiten merken wir, daß das Gebet eine ganz andere Dimension hat. Gebet hat die riesige Möglichkeit, daß ich mit dem Gott in Verbindung komme, der schon vor uns den Knoten gesehen hat – Gott ist Mitwisser der Lage, nicht erst seit dem Augenblick, als der Arzt uns die Diagnose Krebs übermittelte. Gott hat schon die ganzen Monate vorher gewußt, was in unserer Familie läuft. Dieser Gedanke hat mir geholfen.

Und da stellt sich sofort die Frage: Warum läßt er es aber zu? Kann das nicht anders gehen? Es gibt heute so viele schwere Wege. Wieso muß das denn sein?

Sigrid und ich haben eine glückliche Ehe geführt. Ich habe meine Frau wirklich geliebt, ganz ohne Zweifel. Ich habe manches nicht richtig gemacht, was mir im Nachhinein sehr leid tat. Und ich habe auch darüber gebetet und Gott um Verzeihung gebeten, daß ich viele Dinge nicht früher getan habe. Zum Beispiel mehr Zeit mit meiner Frau zu verbringen oder einfach mehr mit ihr zu reden, die Ehe auf diese Weise besser zu pflegen und die schönen Stunden des Lebens mit ihr zu genießen.

Kurz nach der Diagnose mußte Sigrids rechte Brust amputiert werden. Anschließend kamen drei Chemotherapien und Bestrahlung auf sie zu. Es war eine sehr schwere Zeit für uns als Familie. Später entdeckte meine Frau wieder einen Knoten an ihrer operierten Brust. Da brach die Welt wieder über uns zusammen. Ich rief sofort in der Klinik in Bonn an – doch der Arzt beruhigte uns: „Machen Sie erst einmal Ihren Urlaub, und dann kommen Sie her!"

Sigrid Riecker

Nach dem Urlaub ließ sich meine Frau wieder untersuchen, und erstaunlicherweise war der Befund gutartig. Das brachte uns neue Hoffnung.

Doch zwei Jahre nach der ersten Operation stellten die Ärzte auch in der linken Brust ein bösartiges Geschwulst fest und rieten zur Amputation.

Ich war in dieser Zeit in meinem Beruf ziemlich eingespannt. Als Leiter von „Sportler ruft Sportler" war ich viel unterwegs. Ich bereitete mich für die Europameisterschaft im Classic-Trial vor – dem Geschicklichkeitsfahren mit dem Motorrad –, die ich im Herbst dann auch gewann. Das wollte ich mir nicht entgehen lassen!

Kurz zuvor fand die zweite Operation statt.

„Wieso läßt Gott das zu?" Meine Frau hat mir diese Frage öfter gestellt. „Wieso passiert mir das? Wieviel bin ich denn jetzt noch wert? Werde ich für etwas bestraft?"

Diese Fragen kamen, und es war gut, daß wir einfach miteinander reden konnten. Ich sagte: „Sigrid, so ist das nicht. Gott weiß das ja alles, und du bist nicht schuldiger als andere, dir sind doch deine Sünden wirklich vergeben. Das kann nicht der Grund sein."

Wir haben uns immer auf die Zusagen der Heiligen Schrift berufen, und so haben wir auch unsere Ehe geführt. Wenn wir mal Knatsch hatten, dann haben wir uns das vergeben und haben es auch dem anderen nicht mehr vorgeworfen. Genauso vergeben und vergessen ist auch alles andere, was sonst zwischen uns passiert war.

Sigrid bekam nach der zweiten Operation noch Bestrahlungen. Eine weitere Chemotherapie lehnten wir ab. Anschließend fuhren wir gemeinsam zu einer sechswöchigen Kur, um ihr Immunsystem zu stärken. In dieser Zeit haben wir sehr, sehr viel gebetet. Wir hatten so viel Zeit füreinander wie nie zuvor in unserem Leben. Sechs ganze Wochen verbrachten wir in unserem gemeinsamen Zimmer. Zweimal am Tag gingen wir spazieren, und es tat uns beiden sehr gut. Jeden Tag hielten wir Stille Zeit, das heißt wir lasen gemeinsam in der Bibel. Abends legten wir uns gegenseitig die Hände auf und haben uns gesegnet. Ich fand das unheimlich schön, einfach meiner Frau die Stärke Gottes zu wünschen: „Der Herr segne dich und behüte dich."

Wir hatten in dieser Zeit viel Hoffnung geschöpft, auch für die Zukunft. Nach dieser Kur ging es uns beiden besser. Irgendwie hatte sich bei Sigrid auch körperlich etwas verändert. Das Immunsystem wurde wohl stabiler.

Aber im Sommer kamen leider neue Anzeichen, daß irgend etwas nicht stimmte. Sigrid mußte sich in der Bauchdecke zwei Knoten herausoperieren lassen – beide waren bösartig. Anschließend fuhren wir nach Holland zu einem Spezialisten für Naturheilkunde. Er war für uns der „Mann der Stunde". Nicht in medizinischer Hinsicht, sondern seelsorgerlich.

Er war Christ und sagte uns ganz offen: „Sie haben Angst. Sie haben schreckliche Angst, daß Sie Ihre Kinder und Ihren Mann allein lassen müssen."

Meine Frau hatte keine Angst vor dem Sterben. Aber es stimmt, daß es sie bedrückte, an der Situation nichts ändern zu können.

Da sagte er: „Sie sind doch Christen. Was für eine Hoffnung haben Sie?"

Wir antworteten: „Ja, wenn wir einmal dieses Leben hinter uns haben, werden wir bei Jesus Christus sein."

„Ja“, sagte er, „das ist doch Ihre Zukunft, das ist doch Ihr Ziel. Fangen Sie doch an, sich auf dieses Ziel zu freuen!“

Natürlich wußten wir das theoretisch auch. Nur hatten wir das praktisch noch nicht umgesetzt.

Deshalb war sein Ratschlag für uns eine große Hilfe: „Fangen Sie an, sich auf den Himmel zu freuen, dann werden Sie auch Ihre Angst vor dem Sterben verlieren. Setzen Sie Ihren Glauben in die Praxis um!“ Daraufhin haben wir ihn um eine Prognose für Sigrids Lebenserwartung gebeten.

Er meinte: „Vielleicht ein halbes Jahr, vielleicht zweieinhalb Jahre, ich weiß es nicht genau.“

Als diese Zeitbegrenzung einmal ausgesprochen war, veränderte sich in uns etwas Entscheidendes. Es war für uns wie ein Durchbruch: Unser Gebet fing an, sich der Realität anzugleichen. Gleichzeitig hörte unser irdisches Wunschdenken auf: „Herr, hilf mir doch, Herr, mach doch, Herr, mach mich gesund, du kannst es doch nicht zulassen, usw.“ Wir fingen an, wirklich das ins Auge zu fassen, was Gott jedem Menschen auf dieser Welt zugedacht hat, nämlich das ewige Leben bei ihm. Dieses Wissen wurde für uns auf einmal ganz anders aktuell, als wenn man es nur irgendwo mal gelesen oder gehört hat.

Auf unserer Reise nach Holland waren auch unsere Kinder dabei. Auf der Rückfahrt erzählten wir ihnen, wie die Lebenserwartung von Sigrid aussah. Es war, als wären wir von etwas befreit. Wir wußten, der Tod steht bevor, und wir müssen jetzt unser Gebet und unser Leben einfach dieser Realität anpassen. Und zwar indem wir miteinander darauf hinleben, daß die Mutter in den Himmel kommt – und auch dafür danken.

Sigrid fing an, die Psalmen zu lesen, und sie begann morgens, Lieder zu singen. Es war eine ganz eigenartige Stimmung in unserer Familie – die ganze Atmosphäre hatte sich verändert. Die bedrückende Stimmung war vorbei, und auch Sigrid wurde in den folgenden Monaten innerlich immer getroster und fröhlicher. Ich habe gemerkt, daß ein Mensch, der wirklich auf das Ziel Gottes hinlebt, anderen mit seinem Lebensstil enorm viel Mut macht. Auch die medizinischen Werte wurden erheblich besser. Ganz offensichtlich hing das eine mit dem anderen zusammen.

Wir haben in diesen Zeiten auch miterlebt, wie sehr uns die Sorgen kaputtmachen können. Deshalb war es immer eine große Hilfe, daß wir unsere Sorgen voreinander aussprechen konnten – und auch im Gebet vor Gott: „Wie können wir uns morgen beim Arztbesuch in der Heimatstadt verhalten? Was ist, wenn dies oder jenes eintritt?"

Wir haben ganz einfach die Dinge mit Gott besprochen. Das ist das Vorrecht des Gebetes – auch dann, wenn es uns dreckig geht. Oder wenn wir vielleicht niemanden haben, der uns jetzt noch versteht. Wenn der Arzt keine Hilfe mehr weiß oder überlastet ist, weil er so viele Dinge gleichzeitig im Kopf haben muß.

Uns als Familie blieben noch drei gute Jahre. Drei Jahre, in denen meine Frau den ganzen Haushalt schaffen konnte, was sie wirklich gerne tat. Drei Jahre mit den Kindern: Wir haben viel miteinander gesprochen und auch gebetet. Es waren bestimmt Hunderte von Betern, die in dieser Zeit hinter uns gestanden haben.

Uns bewegte auch die folgende Frage: Auf der einen Seite sagt die Bibel, daß Gott heilen kann. Auf der anderen Seite heißt es: „Dein Wille geschehe."

Das ist die Spannung, in der man steht, wenn man betet. Ich erinnere mich an einen Aufenthalt in Österreich: Ich marschierte eine Bergstraße hoch. Im Gehen kann ich gut beten. Damals habe ich wirklich mit Gott gerungen, nicht nur ein paar Minuten. Ich habe ihm seine Größe vorgehalten und zu ihm gesagt, daß es für ihn doch eine Winzigkeit wäre, bei Sigrid einzugreifen und sie heil zu machen. Ich habe ihn gebeten, daß er den Kindern die Mutter lassen möge und mir die Ehefrau. Und ich war auch ganz überzeugt davon, daß Gott mein Gebet wirklich gehört hatte. Und abschließend habe ich zu ihm gesagt: „Dein Wille geschehe auch in diesen Dingen."

Später lernte ich Leute kennen, die die Gabe der Krankenheilung haben. Zwei haben über Sigrid gebetet, aber es hat sich nichts getan. Dann lernten wir eine Rußlanddeutsche kennen, die auch diese Gabe hat. Sie ist eine ganz liebe, fest im Glauben stehende Frau. Zu ihr sind wir dann zehnmal hingefahren, um einfach mit ihr zu beten. Doch dann kamen wir in die Situation hinein, in die jeder Mensch irgendwann einmal kommt. Uns wurde ganz neu klar, daß auch als Christen unser Leben ein Ende hat: „Herr, lehre mich doch, daß es ein Ende mit mir haben muß und daß mein Leben ein Ziel hat."

Wenn man jung ist, hört man das nicht gerne. Wenn man durch Krankheit aus dem Alltag herausgerissen wird, hört man es genauso ungern. Doch uns hatte ja schon der Arzt in Holland klargemacht: „Deine Hoffnung ist im Himmel. Das Erdendasein ist vorübergehend. Richte dich danach, daß du davon mußt."

1991 haben wir dann das letzte Weihnachten gemeinsam als Familie erlebt. Die letzten Monate danach waren eine schwierige Zeit. Es tut mir heute noch leid, daß ich oft keine Geduld mehr hatte. Es kam zwar nicht oft vor, aber ich bedaure die Situationen, wo ich ausgerastet bin, weil es mir einfach zuviel wurde. Doch erstaunlicherweise haben wir in dieser Zeit nicht mehr mit Gott gehadert. Wir wußten, daß wir dazu bestimmt sind, das ewige Leben zu erhalten, und nicht dazu, um jeden Preis gesund zu werden, um dann doch eines Tages zu sterben. Das ist nicht das Ziel Gottes mit einem Menschen.

Wenn die Diagnose Krebs lautet, bedeutet das für uns eigentlich nur, daß wir unser Ziel klar machen. Das gilt genauso für einen gesunden Menschen. Es ist keine Ausrede, auch keine Verniedlichung oder etwas, das man etwa nur als Trost sagt, weil alles andere nicht mehr zieht.

Die Fragen: „Warum trifft mich das?" oder „Meint es Gott nicht gut mit mir?", die kamen immer wieder. Sigrid und ich haben dann immer darüber gesprochen und gebetet. Im August haben wir noch einmal miteinander Urlaub gemacht, bis dann im September für Sigrid der letzte Tag kam. An diesem Morgen wollte ich noch mit dem Fahrrad in die Stadt fahren. Allerdings hatte ich vergessen, die Mülleimer rauszustellen, und kehrte deshalb nach 100 Metern wieder um. Da kam unsere Haushaltshilfe aus dem Haus und sagte, daß es Sigrid schlechter ging. Ich rief sofort die Ärztin.

Wir dachten nicht, daß schon der letzte Tag angebrochen sei. Wir haben darüber gesprochen, ob es noch Sinn hat, ins Krankenhaus zu gehen. Dort wäre man auch bereit gewesen, Sigrid die letzte Wegstrecke zu erleichtern. Als ich das mit der Ärztin besprochen hatte, ging ich nochmal in Sigrids Zimmer, um sie zu fragen, ob sie damit einverstanden wäre. Und da sah ich, daß Sigrid im Sterben lag. So kam es, daß ich die letzte Zeit, die letzten paar Minuten mit ihr alleine hatte. In diesen letzten Minuten ereignete sich das, woran wir glaubten. Man kann es nur schwer schildern.

In diesem Moment hatte ich den Eindruck, daß der Himmel auf der Erde ist. Da war etwas davon, wie es in der Bibel heißt: „Eure Trauer soll in Freude verwandelt werden."

Meine Trauer, daß jetzt dieser Mensch von mir ging, mit dem ich 20 Jahre zusammen war, war verbunden mit einer unglaublichen Hoffnung. Ich konnte ihr zusprechen: „In den nächsten Augenblicken wirst du bei Jesus sein!"

Alles andere trat völlig zurück, ganz weit nach hinten. Ich war voller Hoffnung in diesem Moment. Ich kann das einfach nicht vergessen. Gott war mir selten so nahe gewesen. Da wurde mir letztendlich ganz deutlich, daß es stimmt, daß unser Ziel der Himmel ist. Und wenn einer dem anderen dorthin helfen kann, ist es gut.

In diesen Augenblicken bewegte mich noch etwas: „Jetzt kannst du Sigrid nie wieder etwas Gutes tun." Dieser Gedanke hat mich gleichzeitig auch sehr bedrückt. Als dann der Tod eingetreten war, habe ich mir vorgenommen, den Menschen, die ich künftig treffe, zuvorkommend zu begegnen. Auch wenn sie mir nicht freundlich gesonnen sind, möchte ich allein dafür dankbar sein, daß es sie gibt. Und noch etwas fiel mir ein:

Was wäre gewesen, wenn ich tatsächlich in die Stadt gefahren wäre? Gott kann einen im rechten Augenblick erinnern und leiten – sogar durch vergessene Mülleimer!

Die Kinder haben das alles erstaunlich gut verkraftet. Für mich war das eine echte Gebetserhörung. Und tröstlich für uns war, daß Sigrid bis zum Schluß keine Schmerzen aushalten mußte, obwohl sie sehr abgemagert war.

Warum ist sie gestorben? Ich hätte gerne noch viele Jahre mit ihr verbracht. Aber offensichtlich war es so Gottes Plan. Warum gerade sie an Krebs erkrankt ist, weiß ich nicht, das kann ich nicht sagen, das weiß niemand genau. Aber eines wurde klar: Das Ziel hat sich herauskristallisiert. Das Entscheidende in diesem Leben ist, daß wir uns ganz bombenfest an Jesus Christus anschließen. Denn er ist wahrhaftig der Herr über Leben und Tod. Er hat es so eingerichtet, daß wir im Himmel einmal bei ihm sein werden, und dann werden wir sehen, was wir heute nicht sehen können. Die ganze unsichtbare Welt. Dann wird uns auch das, was wir hier auf Erden erleben, ganz klein vorkommen und auch kurz, im Vergleich zu dem immerwährenden Leben bei Gott.

Das ist keine Vertröstung oder fixe Idee der Christen, um mit Leid fertigzuwerden. Wir wissen genau, jeder Tag *könnte* unser letzter sein, und einer *wird* unser letzter sein. Alle Menschen, die vor 120 Jahren gelebt haben, sind heute nicht mehr da. Doch, es gibt ein paar Menschen über 120 . . .

Jesus ist gekommen, damit wir das Leben haben sollen – hier auf dieser Erde und vor allem in der Ewigkeit. Und das hängt mit Gebet zusammen, denn Gebet heißt, ich spreche mit meinem Gott. Das hilft. Bei manchen hilft´s, indem sie noch einmal heil werden; das habe ich auch gesehen, gehört und gelesen. Bei anderen hilft´s, indem sie sich neu auf das Ziel konzentrieren, indem sie durchkommen, indem sie jeden Tag überstehen.

Deshalb lehne ich ganz eindeutig den Gedanken ab, daß das Gebet nur ein Mittel zum Zweck ist. Das Gebet ist die Verbindung zu dem, der uns als Mensch geschaffen hat, so wie wir heute sind, ob wir gesund sind oder krank. Vielleicht meinen wir, wir sind gesund, und sind doch schon krank. Auch das ist möglich.

Das Wichtigste ist er – und unser Leben. Und dann kriegen wir die anderen Dinge, auch die schwierigen, miteinander in Einklang. Gott schenkt uns das, wir können es selbst nicht. Und dieses Geschenk kann uns auch niemand durch Gespräche aufdrücken oder billig verkaufen. Gott selber wird uns beistehen. Er hat Mittel und Wege, uns innerlich zu überzeugen, uns innerlich zufriedenzustellen, ruhig zu machen, zu öffnen.

Das Wichtigste ist, daß wir bei ihm ankommen. Darum muß man sich von ihm erretten lassen, darum ist Jesus am Kreuz gestorben. Dies ist der tiefste Grund, nicht damit wir ein etwas besseres Leben haben, sondern damit wir das ewige Leben wirklich gewinnen. Dafür haben die ersten Christen den Kopf hingehalten und sind zum Teil in jungen Jahren ermordet worden. Ihnen stellte sich nicht die Frage, wie gut sie es auf der Erde hatten, sondern ob ihr Leben wirkliches Leben war und ob auch andere das Leben mit Gott begannen. Dieses Denken ist wohltuend und bringt uns in die Realität dieses Lebens zurück. Es holt uns aus unserem falschen Wunschdenken heraus.

Gott kann beides tun. Er kann wirklich heilen, er kann aber auch wegnehmen. Wenn wir dieses Gebet sprechen: „Herr, es ist dir freigestellt, was du tust. Das erste wäre mir lieber, mit dem zweiten wäre ich einverstanden", dann wird Gott handeln, so oder so. Aber entscheidend ist, daß wir bei ihm ankommen.

Als unsere Verwandten damals kamen, um uns zu kondolieren, da waren wir als Familie viel gefaßter als sie selbst. Ich kann das bis heute nicht verstehen und auch nicht erklären, aber ich denke, das sind klare Auswirkungen des Gebets. Egal, wie unsere Lage aussieht, Gott wird uns helfen. Ich glaube, es hat einen Grund, wenn er etwas zuläßt oder anordnet oder nicht wegnimmt. Er will, daß ich ihm mein ganzes Leben vollkommen übereigne.

Seit dem Tod meiner Frau sind mittlerweile drei Jahre vergangen. Sigrid wollte gerne, daß ich nach ihrem Tod wieder heirate. Sogar darüber konnten wir sprechen. Ich habe gemerkt, daß Gott auch da vorausgedacht hat. Ich habe nicht mit aller Gewalt eine Frau gesucht. Eine Zweckheirat wäre mir zutiefst zuwider gewesen. Ohne eine wirkliche Liebesbeziehung wollte ich lieber ledig bleiben. Ich wußte nur, unsere vier Kinder brauchen eine Mutter, das war mir klar. Aber wann und wie, das wußte ich nicht.

Ich kannte Erdmuthe schon länger durch ihre Mitarbeit bei „Sportler ruft Sportler", doch erst viel später, 1993, ist über unseren Hauskreis etwas zwischen uns entstanden. Wir haben gemerkt, daß wir zusammengehören, und Erdmuthe konnte sich als ausgebildete Hauswirtschaftsmeisterin auch gut vorstellen, eine sechsköpfige Familie zu versorgen. Sie hat das Zeug dazu, den großen Hausstand und den Garten zu bewältigen. Im April 1994 haben wir dann geheiratet, und ich muß sagen, Gott hat meine Trauer in wirkliche Freude verwandelt. Er ist uns allen, die wir beteiligt waren, größer geworden, wir sind wirklich im Glauben gestärkt worden. Und als Christen wissen wir, daß wir uns eines Tages bei Jesus wiedersehen. Darauf freue ich mich!

Waltraud Mäschle

55 Jahre
verheiratet, 3 Kinder
Katechetin
Obersulm-Willsbach

Waltraud Mäschle

Zeichen am Lebensweg

Zeichen begleiten mein Leben. Aufgrund von Zeichen konnte ich immer wieder neue Entscheidungen treffen. Manchmal denke ich, unsere Seele versteht nur Bilder. Bilder, die sich ganz tief in unser Inneres einprägen. Bilder, die Worte hervorrufen, Worte, die Bilder hervorrufen!

1981 wurde bei mir zum ersten Mal der Verdacht auf Lymphknoten-Krebs festgestellt. Es war für mich wie ein Todesurteil; nichts war mehr, wie es vorher war. Es war einen Tag vor der Konfirmation unserer ältesten Tochter. Wir haben versucht, das Fest zu feiern, ohne daß jemand etwas davon wußte. Montags sollte ich ins Krankenhaus.

Konfirmation heißt Festmachen. So habe ich diesen Tag für mich ganz persönlich genommen und mich wieder neu festgemacht an der Zusage Jesu, daß er auch durch jedes finstere Tal mit uns geht.

Mein Mann fuhr mich dann nach Stuttgart ins Krankenhaus

zu einer Computertomographie. Mein Herz war schwer. Worte zählen da nicht mehr. Es war düster, und ich hatte Angst. In diesen Trübsinn hinein, auf dieser eintönigen Autobahn, sah ich auf einmal die Blumenkästen, die an der Betonwand angebracht waren. Die Blumen standen in voller Blüte. Es war für mich wie ein Sonnenstrahl, ein Zeichen. Selbst da, an der Autobahn, wo alles so trist und zweckmäßig ist, hat jemand Blumentöpfe angebracht.

Ich konnte nur sagen: „Jesus, jetzt bitte ich dich, daß du auch in mein Leben hinein, jetzt, heute, einen Blumentopf bringst, damit ich wieder Farbe sehe und Perspektive."

Es war mir auf einmal, als wenn mein Blick vieles wahrnähme, das vorher nicht in meinem Blickfeld war, daß mein Herz sich auftat. Mein Mann war sehr erstaunt, als ich auf einmal anfing zu summen: „Lobe den Herrn, meine Seele, und vergiß nicht, was er dir Gutes getan hat!"

Auf mich kamen viele Untersuchungen zu. Durch besondere Umstände wurde alles immer weiter hinausgezogen, um die Krankheit genau zu lokalisieren. Ich erinnere mich, daß ich eines Tages drei Briefe bekam. Ich hatte vorher im Gebet zu Jesus gesagt: *Gib mir ein Zeichen, ob es zum Leben oder zum Sterben geht.* Und in allen drei Briefen las ich: „. . . wenn Sie wieder gesund sind . . ."

In dieser Nacht konnte ich nicht schlafen, und ich sagte: „Jesus, ist das ein Zeichen?" Da habe ich meine Bibel aufgeschlagen, wahllos, wie ich das ab und zu tue. Da las ich: „. . . nicht aus eigener Gerechtigkeit, sondern aus meiner Gnade und Barmherzigkeit." Da wußte ich, ich werde gesund. Dieses Wort habe ich einfach zum Leben genommen.

In der Zeit im Krankenhaus ist auch die Idee für einen Religionsunterricht für Erwachsene entstanden. Mütter meiner Schüler haben mich besucht und mich auf meinen Glauben hin angesprochen. Sie wollten das ganz persönlich wissen. Es waren Leute, die sonst nicht viel vom Glauben hielten. Und da habe ich gemerkt, daß es nicht stimmt, daß die Menschen vom Glauben nichts wissen wollen, sondern daß sie nur Angst haben, weil die Schwelle zur Kirche zu hoch ist; weil sie die Sprache dort nicht mehr verstehen. Und da ist in mir der Gedanke gereift: *Wenn ich gesund werde, möchte ich für diese Menschen am Rande der Gemeinde etwas tun.* Das war der Anfang des Religionsunterrichts für Erwachsene. Ein Weg, den Gott bis heute sehr gesegnet hat.

Nach der Zeit im Krankenhaus 1981 war ich mehrere Jahre lang gesund, bis 1989. Ich hatte gerade eine feste Stelle angenommen, um den Unterricht für Erwachsene in unserem Kirchenbezirk durchzuführen. In all den Jahren vorher hatte ich dies in unserem Dorf mit den Schuleltern umgesetzt; und jetzt hatte ich die Bezirksstelle. Ich dachte: *Jetzt kannst du die Ärmel hochkrämpeln und richtig loslegen.*

Drei Monate nach dem Einsegnungsgottesdienst wurde bei mir Brustkrebs festgestellt.

Immer wieder sagten mir Leute: „Frau Mäschle, warum gerade Sie?"

Das war für mich keine Frage. So viele Menschen haben diese Krankheit, warum nicht ich auch? Ich fragte mich eher: *Warum denn jetzt? Jetzt, wo alles so gut läuft mit dieser Stelle?*

Und als ich das einmal einer Bekannten gegenüber äußerte, sagte sie zu mir: „Das ist doch ganz klar: Wenn der Krebs ausgebrochen wäre, bevor Sie eine Stelle bekommen hätten, hätte der Religionsunterricht für Erwachsene keinen Platz in unsrer Kirche gefunden. Für eine krebskranke Frau richtet man keine neue Stelle ein."

Mir fiel es wie Schuppen von den Augen, wie präzise Jesus arbeitet, damit diese Arbeit einen festen Platz hat. Aber da waren immer wieder meine Gedanken: *Gehe und bestelle dein Haus, damit andere weitermachen können.*

Der Operationstag kam: Mein Mann saß an meinem Bett. Es gibt Situationen, da zählen Worte nichts mehr, nur Gesten. Er nahm einen Filzstift und schrieb in meine Handfläche die Tageslosung hinein. „Fürchte dich nicht. Ich bin bei dir und will dich segnen." Dann wurde ich ins OP gefahren. Jeden Tag hat er mir diese Losung aufgeschrieben. Als ich zu einer Untersuchung in ein anderes Krankenhaus überführt wurde, fragte mich ein ausländischer Arzt, was ich da in meiner Hand hätte. Ich kam ziemlich ins Schwitzen und sagte ihm dann, das sei ein

Bibelwort, das mir mein Mann hineingeschrieben habe. Was denn das für eine Bedeutung hätte, meinte er.

Ich sagte ihm: „Wissen Sie, daran möchte ich mich halten, damit es mir zum Halt wird!"

Dann fragte er, wie lange ich denn das da stehen lassen will.

Ich sagte: „So lange, bis es mir zum Halt geworden ist."

Einige Tage später saß ich wieder im Arztzimmer. Er ging vorbei, streckte seinen Kopf herein und fragte: „Haben Sie's immer noch drin?"

Ich war ganz glücklich, für ihn nicht nur eine Nummer zu sein, sondern ein Gesicht zu sein, an das sich ein anderes Gesicht erinnerte. Und es ging mir schon viel besser!

Zehn Tage nach der Operation erlebte ich eine durchwachte Nacht. Und ich sagte: „Jesus, wenn ich sterben muß, dann laß es mich wissen, damit ich mich darauf einrichten kann. Und wenn ich weiterleben darf, dann gib mir ein Zeichen, damit ich mich aufrapple."

Ich habe inzwischen gelernt, daß es Nächte gibt, die so ähnlich sind wie die von Jakob. Und ich habe auch erfahren, daß immer wieder die Sonne aufgeht, so wie es bei Jakob heißt. Als ich morgens aufwachte und den Bibellesezettel las – ich weiß noch genau, es war der 9. April –, da stand ganz groß über dem Tagesabschnitt: „Du sollst leben und die Werke des Herrn verkündigen."

Ich habe meinen Bibellesezettel weggelegt und vor Freude geweint. Das war die Antwort, und ich bin ein paar Tage wie auf Wolken geschwebt. Ich habe alle Bibelstellen zusammengesucht, die es zum Thema „Leben" gibt. Dann wurde ich auf einmal wieder nüchtern, weil ich merkte, daß in der Bibel der Tod nicht das Ende des Lebens ist, sondern daß, wenn vom Leben geschrieben steht, immer die Dimension „Ewigkeit" mit eingerechnet ist. Dann war ich wieder sehr unsicher, ob das wirklich ein Zeichen für mich war, daß ich hier auf dieser Welt noch eine Weile leben sollte. Seitdem ist das *mein* Spruch, und ich buchstabiere ihn auch immer wieder neu.

Manchmal wache ich nachts mit einem Liedvers im Kopf auf. Das Lied selber kenne ich gar nicht. Ich suche dann und finde den Zusammenhang. Und es ist mir, als wenn Jesus mir durch diesen Abschnitt eines Liedes ein Zeichen schicken würde, eine Wegweisung. Das sind Perlen, und sie zeigen mir, wie dicht Jesus mit uns auf dem Weg ist.

Kurz nach der Operation war ich mit meinem Mann in Meran, um dort mit der neuen Situation erst einmal zurechtzukommen. Wir fuhren mit einer Gondel ein Stück auf den Berg hinauf und wollten da oben einen gemütlichen Spaziergang machen. Da sahen wir, daß dahinter eine neue Felswand kam und wir auf dem schmalen Weg an dieser Felswand vorbeigehen mußten. Ich konnte auf einmal keinen Schritt mehr tun. Es überkam mich schreckliche Angst, daß ich fallen könnte. Nach langem Zureden hat mein Mann mich an die Hand genommen, und wir sind miteinander gegangen. Ich habe immer gedacht: *Wenn wir um diese Kurve sind, wer weiß, was dann kommt.*

Wir kamen um die Kurve, und ich blieb stehen. Vor uns lag eine Hütte mit Menschen, Eisbechern, Sonne und ein herrlicher Blick ins Tal. Ich konnte nur sagen: „Du bereitest vor mir einen Tisch im Angesicht meiner Feinde . . . Danke, Herr, daß du meine Ängste kennst."

Ich glaube, daß es wichtig ist, seine Zeichen zu verstehen, seine Sprache kennenzulernen, mit der er unsere Seele anstößt. Oft, sehr oft habe ich auch keine Zeichen erhalten und muß weiter durch die Wüste gehen. Aber etwas habe ich gelernt: Daß ich nie allein bin. Manches liegt nun schon einige Jahre zurück, aber die Zeichen wiederholen sich immer wieder auf ganz unterschiedliche Weise. Auch wenn es nicht immer einfach war.

Zu der Krankheit Krebs gehört Angst. Angst vor jeder Untersuchung. Angst, wieder einen Knoten zu tasten. Ich habe erlebt, daß ich sehr dünnhäutig wurde, daß mir jeder Besuch zuviel war; vor allem von Menschen, vor denen ich „fromm" sein mußte, und dann von Besuchern, die mir kluge Ratschläge geben wollten. Was ich als ganz schlimm empfand, war, daß auf den Gesichtern der Besucher eine Maske war, weil ja jeder dachte, er macht einen Sterbebesuch. Ich habe viel erlebt in diesen vergangenen Jahren. Einmal, was die Behandlung anbelangt, dann die Erfahrungen mit Gott und die Erfahrungen mit den Menschen. Das gehört alles zu meiner Lebensgeschichte und hat sich mir tief eingeprägt.

Zur Therapie gehörte es, daß ich sechs Wochen lang jede Nacht sechs Stunden lang in Lehm gepackt wurde. Das war neben allem, was schrecklich war, auch eine Schule für mich: eine Schule der Hoffnung, des Vertrauens, des Glaubenlernens. Und neben all dem immer wieder die Erfahrung des Verzweifelns und der Angst. Es war mir manchmal, als wenn das Unterste oben wäre, als wenn obendrauf in mir der Tod sitzen würde. Sonst sitzt er ganz unten, und alles andre schichtet sich drauf, und nun sitzt er ganz oben, und man kann der Auseinandersetzung nicht mehr ausweichen. Ich habe gemerkt, die einzige Möglichkeit, mit dieser Krankheit zu leben, ist, sich mit dem Tod auseinanderzusetzen und sich seines eigenen Sterblichseins bewußt zu werden. So kann diese Krankheit zum Leben führen, egal in welche Richtung sie dann geht.

Senfkorngroß.

Es geht mir heute oft so, wenn ich Menschen in der Seelsorge habe, die krebskrank sind, daß es mich ganz tief erbarmt, wenn ich daran denke, was für einen weiten Weg jeder gehen muß, um all das unter die Füße zu bekommen.

Ich habe gemerkt, wie wichtig es ist – vor allem für die, die Kranke besuchen –, daß sie nicht ans Krankenbett kommen und alles über den Kranken herüberschütten, sondern daß sie als Hörende kommen, als Aufnehmende.

Es gibt wenige Menschen, die fragen: „Wie geht es dir wirklich?“

Und es gibt wenige Menschen, die einen später noch einmal fragen, wie es jetzt geht. Das hat nicht nur mit der Krankheit zu tun, das hat mit unserem Menschsein überhaupt zu tun. Sehe ich, daß der andere gefragt sein will?

Ich habe oft erlebt, daß ich zaghaft angefangen habe, von mir und meinen Gefühlen zu reden, und daß die Besucher in kunstvoller Weise gleich einen Bogen geschlagen haben, weil man darüber ja nicht spricht. Und ich habe manchmal die Sehnsucht, daß mich jemand konkret anspricht, daß ich einfach mal aussprechen kann, was ich auf dem Herzen habe.

Aber das sind auch Sternstunden, denn ich merke, daß wir Kranken einfach einüben müssen, das, was wir auf dem Herzen haben, unserem Vater im Himmel zu sagen, der unser Herz kennt.

Und vor allem, daß wir Kranken immer wieder gesagt bekommen und selber buchstabieren, daß wir nicht „fromm sein“ müssen und nicht krampfhaft „glauben“ müssen, sondern zaghaft lernen, uns an Jesus festzuhalten, der sagt: „Ich bin bei dir – ohne Wenn und Aber.“

Thomas Hardt

24 Jahre
Diplom-Kaufmann (FH)
Berlin

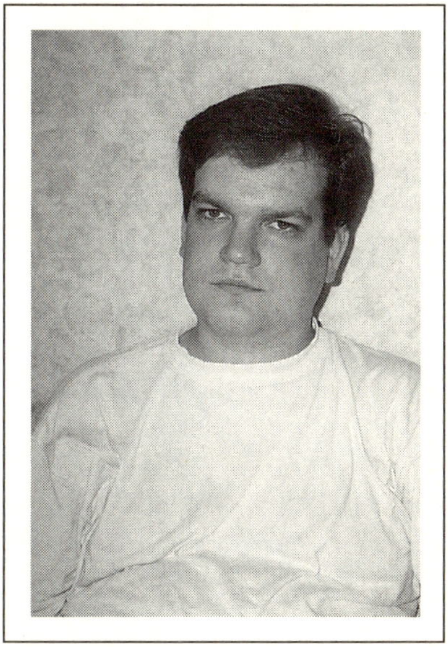

Thomas Hardt

Die Krise kam später

Ich bin in einem christlichen Elternhaus aufgewachsen. Deshalb habe ich schon früh von Jesus Christus und von Gott gehört und mich für ein Leben mit ihm entschieden. An Gottes Existenz habe ich nie gezweifelt. Ich kann aber keinen bestimmten Zeitpunkt festmachen, an dem ich mich bekehrt habe. Ich habe als Kind mehrmals Jesus um Vergebung gebeten und ihn als Herrn angenommen. Ich weiß allerdings, daß ich mit 13 Jahren wirklich bewußt begriffen habe, was Christsein heißt. Wir sprachen damals in der Jungschar über die Heilsgewißheit. Und ich weiß genau, daß ich mir da ganz sicher war, Gottes Kind zu sein. Ich wußte damals bereits, daß Jesus für mich gestorben ist und daß meine Sünden vergeben sind. Diese Gewißheit wurde zwei Jahre später sehr wichtig für mich, denn 1986 bin ich an Hodenkrebs erkrankt.

Ich war 15 Jahre alt, als ich zunehmende Schmerzen in der Nierengegend bekam. Später stellte sich heraus, daß eine Tochtergeschwulst – viel größer als der Haupttumor – auf den Harnleiter drückte. Der Krebs war schon sehr weit fortgeschritten, zahlreiche Lymphknoten-Metastasen hatten sich im Unterleib gebildet. Die Ärzte schätzten meine Heilungs- bzw. Überlebenschance nur auf 30 Prozent.

In den folgenden Monaten wurde ich mehrfach operiert und mit Chemotherapie behandelt. Meine Eltern haben mir in dieser Zeit sehr beigestanden. Sie haben mich immer wieder ermutigt, auch wenn ich heute weiß, daß es sie viel stärker mitgenommen hat, als sie mir damals gezeigt haben. Erstaunlicherweise ging es mir während der Behandlungen im Krankenhaus geistlich richtig gut. Ich habe den Frieden Gottes, „der allen Verstand übersteigt" – wie es im Philipperbrief (4,6+7) heißt –, ganz intensiv erlebt. Auch die zahlreichen Besuche, besonders von Leuten aus meiner Gemeinde, haben mir gutgetan.

Körperlich ging es mir in dieser Zeit sehr schlecht. Ich war durch die Krankheit völlig abgemagert und dementsprechend schwach. Und dennoch haben mich die Nebenwirkungen der Chemotherapie (Haarausfall, Appetitlosigkeit, Übelkeit etc.) nicht ernsthaft beunruhigt. Ich habe sehr deutlich gespürt, daß Jesus bei mir war – auch außerhalb der Besuchszeiten.

Ein Satz Jesu ging mir damals nicht aus dem Kopf und hat mich sehr gestärkt: „Ich bin bei euch alle Tage!" (Mt. 28, 20b). Ich glaube, daß Gott auf diese Art die vielen Gebete beantwortet hat, die von Geschwistern aus meiner Gemeinde, aber auch von vielen anderen Menschen gesprochen wurden.

Obwohl ich mich in dieser Zeit auch intensiv mit dem Sterben und dem Tod auseinandergesetzt habe, war ich eigentlich davon überzeugt, daß Gott mich wieder gesund machen würde. Nur an einen Vormittag kann ich mich heute noch erinnern, an dem ich völlig geschafft war. Da habe ich Gott wirklich gebeten, meinem Leiden ein Ende zu setzen.

Für mich war es ein großes Wunder, daß der Heilungsprozeß viel besser verlief, als es die Ärzte gehofft hatten. Bereits nach einem halben Jahr konnte die Behandlung abgeschlossen werden. Ich wurde kurz danach zwar noch einmal operiert, weil man einen Tumor im Brustkorb entdeckt hatte, aber diese Geschwulst erwies sich als gutartig.

Doch die eigentliche Krise sollte noch kommen. Ich habe sie nicht während der Zeit im Krankenhaus erlebt, sondern erst danach. All die Anfechtungen, vor denen ich während meiner Krankheit verschont blieb, kamen in den Jahren danach intensiv auf mich zu: Ich hatte zum Beispiel große Angst, daß die Ärzte wieder etwas finden könnten. Anfangs mußte ich alle drei Monate zur Kontrolle, später alle sechs Monate. Und jedesmal hatte ich Angst, daß neue Metastasen auftauchen. In der Nacht vor der Untersuchung konnte ich vor Aufregung nicht richtig schlafen und morgens auch nicht richtig frühstücken. Das flaue Gefühl im Magen ging erst vorbei, als ich das Untersuchungsergebnis bekam: „Herr Hardt – es ist alles in Ordnung, die Befunde sind negativ!"

Auch die Operationsnarben haben mir schwer zu schaffen gemacht. Ich war neidisch auf meine gesunden Altersgenossen, weil ich so häßliche Narben hatte und sie in meinen Augen viel besser aussahen. Außerdem hatten sie viel mehr Ausdauer und wurden nicht so schnell müde wie ich. Ich war ärgerlich, daß ich wegen meiner Krankheit auf so vieles verzichten mußte. Ich fühlte mich von Gott ungerecht behandelt und um meine Kindheit betrogen; zumal ich schon vor meiner Krebserkrankung eine schmerzhafte Arthritis in den Sprunggelenken hatte. Das hat mich schon als Kind sehr behindert, so daß ich nicht bei allem mitmachen konnte. Wie damals fühlte ich mich auch jetzt wieder benachteiligt und in eine Außenseiterrolle gedrängt.

Hinzu kam, daß ich nach dem Krankenhaus-Aufenthalt nicht mehr so viel Anteilnahme bekam wie vorher. Ich habe die Liebe, die man mir während der Krankheit besonders entgegengebracht hatte, auf einmal richtig vermißt. Doch statt Gott dankbar zu sein, daß er mich auf so wunderbare Weise gesund gemacht hatte, fing ich an, ihn anzuklagen. Ich war ärgerlich auf ihn, weil er mir als 15jährigem so etwas Schweres zugemutet hat, und bemitleidete mich selbst.

Rückblickend kann ich heute sagen, daß diese Anfechtungen meine Beziehung zu Jesus Christus und zu Gott gefestigt haben. Mir sind diese Erfahrungen inzwischen sehr wertvoll geworden, auch wenn es mir bis heute schwerfällt, sie zu akzeptieren und über sie zu berichten. Zwar gelte ich heute – neun Jahre nach der Diagnose – als geheilt, aber die Narben bleiben, innerlich wie äußerlich. Deshalb freue ich mich über einen Satz, den Paulus in seinem zweiten Brief an die Korinther (12,9) aufgeschrieben hat: „Meine Gnade genügt dir, denn meine Kraft kommt in Schwachheit zur Vollendung."

Nach meinem Studium möchte ich gerne eine Bibelschule besuchen. Ich bin gespannt, was auf mich zukommt.

Andrea Zügel

36 Jahre
Redakteurin
Asslar

Andrea und Hildegard Zügel

Mehr als ein „Weihnachts-Christ"

Eigentlich fing alles ganz harmlos an. Im März 1995 wurde bei meiner Mutter Hildegard eine Blasenentzündung diagnostiziert. Aber nachdem sie verheilt war, wurde es nicht besser. Im Gegenteil. Meine Mutter klagte über ein ständiges Völlegefühl und hatte keinen Appetit. Der Hausarzt diagnostizierte Wassereinlagerungen im gesamten Bauchbereich und überwies sie sofort in ein Krankenhaus. Dort wurde auch bald der Verursacher der Wassereinlagerungen festgestellt: ein Tumor am Eierstock. Natürlich war die ganze Familie schockiert, doch die Ärzte sagten, mit einer Operation und der anschließenden Chemotherapie würde meine Mutter vermutlich zwar nicht geheilt werden können, aber den Krebs würden sie so unter Kontrolle bekommen.

Nun warteten wir also auf die Operation und hofften, daß sie so schnell wie möglich käme, zumal sich immer mehr Wasser im Körper meiner Mutter ansammelte und sie nicht nur immer aufgedunsener wurde, sondern natürlich auch Schmerzen hatte, weil das Wasser auf die Organe drückte. Außerdem konnte sie kaum etwas essen. Leider geriet bei einer Punktion Luft zwischen Rippenbogen und Lunge, und so hieß es: „Solange die nicht weg ist, können wir nicht operieren!"

Vier Wochen mußte meine Mutter im Krankenhaus auf die Operation warten. Natürlich war diese lange Wartezeit auch psychisch sehr belastend. Mitzuerleben, wie sie körperlich immer schwächer wurde, zu wissen, die Operation muß so schnell wie möglich gemacht werden, aber die Luftblase ging und ging nicht weg! Außerdem hatte sie schon immer Angst vor Ärzten und dem Krankenhaus gehabt, und so kamen noch Panikzustände hinzu.

Auch für mich war dieser Zustand zwischen Hoffen und Bangen, zwischen: „Sie wird wieder gesund!" und: „Sie könnte sterben!" belastend, denn ich hatte Angst, daß meine Mutter verlorengeht, daß sie stirbt, bevor sie Jesus Christus kennengelernt hat. So war mein Gebet in dieser Zeit: „Herr, bitte laß meine Mutter nicht verlorengehen, und wenn du willst, mach sie wieder gesund!" Da ich beruflich sehr stark eingespannt bin und mehr als 500 Kilometer entfernt von meinem Elternhaus in Lübeck wohne, habe ich ihr immer wieder geschrieben; leider auch nicht so oft, wie ich gern wollte.

An meinem ersten freien Wochenende im Mai bin ich dann nach Lübeck gefahren. Meine Mutter war immer eine kräftige Frau gewesen, und ich war erschüttert zu sehen, wie zwar ihr Körper aufgedunsen, das Gesicht und die Arme aber dünn waren. Vor allem war sie sehr schwach. Sie hatte sich über meine Karten und die beigelegten Bibelworte sehr gefreut, und als ich sie fragte, ob ich mit ihr beten soll, nickte sie.

Das nächste Mal, daß ich wieder nach Lübeck fahren konnte, war zu Pfingsten, anderthalb Wochen nach der Operation. Meine Mutter war noch schwächer als vorher; das bißchen Essen und Trinken, das sie tagsüber in sich hineinzwängte, um für die Chemotherapie zu Kräften zu kommen, spuckte sie

Hildegard Zügel

abends wieder aus. Immer wieder versuchte mein Vater mit den Ärzten zu reden, warum das so ist und was man dagegen tun konnte. So kam zu der ohnehin schon großen Belastung – mein Vater war jetzt den ganzen Tag im Krankenhaus – auch noch das Gefühl, daß die Ärzte selber nicht weiter wußten und alles schleifen ließen.

Da ich schon bei meinem ersten Besuch feststellte, daß mir am Bett meiner Mutter auf einmal nur noch Teile von Bibelstellen einfielen, die ich ihr sagen wollte, besorgte ich mir in einer christlichen Buchhandlung verschiedene Karten mit Bibelversen und nahm auch das Heftchen „Die vier geistlichen Gesetze“ von Campus für Christus mit. Am Abend habe ich mit meiner Mutter gebetet, wie immer, seit sie im Krankenhaus lag. Als ich betete, daß Gott sie mit seinem Heiligen Geist erfüllen möge, sagte sie laut „Ja!“ und wenig später „Ich will mich aufrichtig zu Jesus Christus bekehren! Ich will nicht mehr nur ein

‚Weihnachtschrist' sein, wie Andrea immer sagt." Ich war sehr überrascht, denn früher hatte meine Mutter nie in mein Gebet „hineingebetet"!

Am Pfingstsonntag habe ich sie wieder besucht und ihr die „Vier geistlichen Gesetze" vorgelesen: „Mutter, du hast gesagt, daß du dich zu Jesus bekehren möchtest. Ich habe hier ein Bekehrungsgebet, das ich dir vorbete, und du kannst es nachbeten, wenn du möchtest."

Und so geschah es: Ich betete es Stück für Stück vor, und sie betete es nach! Danach meinte meine Mutter, Gott und ich sollen nicht denken, daß sie das nur gebetet hat, weil es ihr so schlecht geht, nein, sie wollte schon immer so ein inniges Verhältnis zu Jesus haben wie ich. Sie wüßte nicht warum, aber in meiner Wohnung sei immer so ein Frieden zu spüren.

Als ich mich am Pfingstmontag von ihr verabschiedete, sagte sie, sie wollte jetzt ein guter Christ werden, worauf ich antwortete, daß das Jesus schon mache, sie bräuchte ihm nur zu vertrauen, zu ihm beten und an ihn glauben. Dankbar und ruhig und auch beinahe fassungslos, daß Gott so gehandelt hat, bin ich dann nach Hause gefahren.

Nach Pfingsten ging es meiner Mutter immer schlechter. Sie mußte jetzt künstlich ernährt werden, und da der Darm nicht so arbeitete, wie er sollte, wurde sie durch eine Magensonde – durch Rachen und Nase – „entsorgt". Sie wurde immer schwächer, konnte kaum mehr reden und war nur schwer zu verstehen. Endlich kamen die Ärzte auf die Idee, den Darm zu röntgen, nachdem eine Darmspiegelung negativ ausgefallen war. Dreimal wurde sie geröntgt, und die Ärzte stellten einen Pfropfen am Darmende fest. Die einzige Möglichkeit sei ein künstlicher Ausgang. Meine Mutter wollte das eigentlich nicht mehr, mein Vater und ich haben sie aber davon überzeugt, daß es noch eine Chance ist, die wir einfach nutzen müßten. So wurde sie im Juni 1995 noch einmal operiert.

Im Aufwachzimmer habe ich sie besucht. Sie sah besser aus und konnte trotz Schlauch wieder verständlicher reden. Mein Vater und ich waren dankbar dafür und schöpften wieder neue Hoffnung. Ich machte Mutter Mut, zumal auch der Lehrtext für den Tag so verheißungsvoll war: „Jesus sah sie und sprach: Sei getrost, meine Tochter, dein Glaube hat dir geholfen. Und die Frau wurde gesund zu derselben Stunde." Anschließend hat mein Vater mich zum Bahnhof gebracht. Hoffnungsvoll bin ich nach Hause gefahren.

Gegen halb zehn Uhr abends war ich da und rief meinen Vater an, um zu sagen, daß ich wieder gut gelandet war. Er hatte inzwischen mit der Ärztin gesprochen und das Ergebnis der Operation erfahren: Sie konnten nichts mehr machen. Sie haben sie operiert, gesehen, daß sich der Krebs sehr aggressiv verbreitet hatte, und so konnten sie meine Mutter nur noch „zumachen".

Nachdem feststand, daß man nichts mehr tun konnte, hatten meine Mutter – und auch mein Vater, meine Geschwister und ich – nur noch den Wunsch, sie nach Hause zu holen, damit sie bei uns war und auch bei uns starb. Ich hatte erst die Befürchtung, daß das gar nicht ginge, da meine Mutter per Infusion Flüssigkeit zugeführt bekam und über Katheder und Magensonde „entsorgt" wurde. Außerdem benötigte sie ein Spezialbett, da sie schon seit langem wundgelegen war, und dann natürlich die ärztliche und pflegerische Betreuung! Aber das war kein Problem. Das Krankenhaus half, alles zu besorgen, ein Pflegedienst sollte morgens und abends je zwei Stunden lang da sein, und auch unser Hausarzt war bereit, zweimal am Tag zu kommen. Man kann es sich wahrscheinlich schwer vorstellen, aber es war ein regelrechter Freudentag für die ganze Familie, als es hieß: Mutter kann nach Hause kommen!

Am 23. Juni 1995 war es dann soweit. Um 12 Uhr kam Mutter nach Hause. Im Gästezimmer neben dem Eßzimmer stand nun ihr Bett, damit sie an unserem alltäglichen Leben teilhaben konnte. An diesem Tag gab es eine besonders bewegende Situation, die für das bezeichnend ist, was Mutter in unserer Familie war: das Herz der Familie, der Mittelpunkt, der alle Familienmitglieder nicht nur um sich sammelte, sondern auch zusammenhielt. Am Nachmittag waren wir alle bei ihr: mein Vater, meine Schwester Bettina, ihr achtjähriger Sohn Tobias, ihre fünfjährige Tochter Birte, mein Bruder Cay, seine Frau Christina sowie ihr vier Monate alter Sohn Niclas und ich. Wir standen um ihr Bett herum, und unsere Mutter hob auf einmal die Hand und zählte uns mit dem Zeigefinger ab, ob wir auch alle da seien.

Ich habe mit ihr gebetet und dann das Vaterunser angeschlossen, das sie so gut sie konnte laut mitgebetet hat. Auch abends hat sie ein von mir formuliertes Gebet nachgebetet, indem sie Jesus dafür dankte, daß er sie liebt, und sie ihm auch sagte, daß sie ihn liebt. Ich habe ihr den Segen Gottes zugesprochen. Zwei Tage später, am Sonntag, ist meine Mutter dann morgens um sieben Uhr gestorben, mein Vater war bei ihr. Wir wußten zwar, daß es nicht mehr lange dauern würde, aber daß es so schnell gehen würde, damit hatten wir dann doch nicht gerechnet! Trotzdem ist es gut so gewesen, denn Mutter spuckte immer wieder Blut und bekam nur noch schwer Luft.

Erst abends gegen 22 Uhr haben wir sie vom Bestattungsunternehmer abholen lassen. So hatten wir den ganzen Tag Zeit, um von ihr Abschied zu nehmen. Die Pflegerin, die morgens kam, hat Mutter gewaschen, gekämmt, die Fingernägel gesäubert und ihr ein sauberes Nachthemd angezogen. Noch an ihrem Todestag war sie in unserer Mitte. Es klingt vielleicht morbide, aber so war es, und es war gut und sogar schön! Wir haben nebenan Kaffee getrunken und sind immer wieder zu ihr ins Zimmer gegangen und haben sie gestreichelt, um zu begreifen – im wahrsten Sinne des Wortes –, daß sie nicht mehr auf dieser Welt lebt. Birte und Tobias haben Bilder für ihre Oma gemalt und sie ihr aufs Bett gelegt, Tobias ein rotes Herz, das er ausschnitt und in das er „Omi" hineinschrieb, Birte unser Haus mit Mond und Sternen, „damit Omi gut träumt".

Dieser Tag war ein schöner Tag, den wir alle sehr bewußt erlebt haben, beinahe als ob wir das Erlebnis „auskosten" wollten. Es war sehr wichtig, das so zu tun, weil es uns viel Trost gab und in unserer Trauer half, auch jetzt noch, daß Mutter zu Hause gestorben war und daß wir einen ganzen Tag lang Abschied nehmen konnten – und natürlich daß sie jetzt bei Jesus ist. Bei ihm wird sie in der Ewigkeit einen neuen Leib haben, der nicht vom Krebs zerfressen ist, und bei ihm werden wir uns wiedersehen!

Dr. Hartmut Maier-Gerber

72 Jahre
verheiratet, 5 Kinder
Facharzt
für Allgemeinmedizin
Karlsbad

Dr. Hartmut Maier-Gerber

Der Höhepunkt des Lebens

Was sind die Hauptängste der Krebspatienten, die zu Ihnen kommen?

Die primäre Angst der Patienten ist nicht die Sterbensangst. Sie haben vielmehr Angst vor einschneidenden Untersuchungen, vor schmerzvollen Einstichen, vor dem Krankenhausaufenthalt, und natürlich auch vor eventuellen Operationen. Deshalb beruhige ich zunächst einmal die Patienten und sage ihnen: Wenn untersucht wird, dann wenden wir schmerzarme, meist bildgebende Verfahren an, wie beispielsweise Röntgenuntersuchungen. Da passiert nicht allzu viel Erschreckendes. Und wenn operiert wird, dann spürt man davon zunächst nichts. Hinterher wird in der Intensivpflege oder auf den Krankenzimmern so viel mit Schmerzmitteln gearbeitet, daß die Patienten sich auch davor nicht zu fürchten brauchen.

Wenn der Patient Christ ist, sage ich sogar: „Jetzt kommt die schönste Wegstrecke Ihres Lebens. Sie werden Ihrem Herrn viel näher sein. So innig, wie Sie vor einer Operation beten, haben Sie noch selten gebetet. Und so bewußt, wie Sie den Herrn erleben, wenn Sie vielleicht zum OP gefahren werden und dann in der Intensivpflege erwacht sind, haben Sie ihn noch nie erlebt. Das sind alles Situationen, mit denen kann man leben, ja sie gehören sogar zu den wertvollsten Ihres Lebens. Damit haben Millionen und Abermillionen Menschen schon gelebt, selbst solche ohne jeden Glauben."

Wie gehen die Angehörigen mit der Diagnose um?

Diese Frage ist schon kritischer, weil die Angehörigen leider oftmals unklug übertreiben. Sie machen den Patienten ungewollt Angst oder drehen selber durch – in vielen Fällen sogar mehr als der Patient. Darum spreche ich immer sofort mit den Angehörigen und ermahne sie dringend, nicht irgendwelche Geschichten zu erzählen: „Ich habe von Tante Luise gehört . . ." oder: „Der Nachbar hat auch wahnsinnige Schmerzen gehabt". Leider wird alles überzeichnet weitergegeben.

Medizinisch muß man sagen, daß eine Krebserkrankung heute eine ganz normale Erkrankung ist. Das Krankenbild anderer kann man sowieso nicht mit dem eigenen vergleichen. Und wenn der Patient ein Hypochonder ist, mag er über schlimme Schmerzen klagen – dabei spürt er aber nur irgendwo ein kleines Ziehen. Auch das muß man sehr vorsichtig bewerten. Deswegen ermahne ich die Angehörigen, daß sie sich hier nun vernünftig, beruhigend und besänftigend verhalten.

Die Möglichkeit des Sterbens sollte man im ersten Augenblick noch gar nicht ins Auge fassen. Zunächst geht es um Leben und Besserung. Wir alle gehen auf das Sterben zu. Ich sage gerne, wenn ich mit einem Patienten über das Sterben spreche: „Vielleicht bin ich schneller dort als Sie. Das Leben ist ein Wandern auf einen Höhepunkt zu. Wie lange wandern Sie bereits? Sie sind 63 Jahre alt, also wandern Sie 63 Jahre, um ein Ziel zu erreichen. Wenn Ihnen jemand eröffnet, jetzt werden Sie das Ziel bald erreichen, dann werden Sie ja nicht auf einmal in Panik verfallen. Da wir als Christen das Ziel als Herrlichkeit kennen, werden wir uns darauf freuen. Und diese Freude wird jetzt eingeübt! Ich möchte Sie immer freudig sehen. Und von mir werden Sie, wenn Sie zu mir kommen, eine Hilfe zur Freude bekommen."

Wie begegnen Sie der Angst Ihrer Patienten?

Ich empfehle ihnen Bücher, die diese Freude nach dem Tod in der Herrlichkeit Gottes beschreiben. Ich lese manchmal von Jung-Stilling ein paar Worte vor oder von Sadhu Sundar Singh. Vor allem versuche ich, dem Patienten eine Vorstellung zu vermitteln von dem, was ihn dort erwartet. Jeder Mensch hat zwei Gehirnhälften. Auf der einen Seite ist das Denken, welches mehr das kognitive, also das Denken der Logik ist. Auf der anderen Gehirnseite ist die Vorstellung in Bildern. Von einer zur anderen Seite gibt es nur eine schmale Verbindung. Sie nennen wir den Balken. Beide Gehirnhälften sind also nur sehr eingeschränkt miteinander verbunden. Alle Eindrücke müssen von der einen zu der anderen Seite durch diesen Engpaß übermittelt werden, damit sie zu Bildern werden. Es können jedoch nur Bilder ins Herz sinken und keine logischen Gedanken. Erst wenn dies der Fall ist, lebe ich auch darin. Und diese Bilder und Vorstellungen muß ich dem Patienten vor Augen stellen. Ich bin der Meinung: Das Leben nach dem Tod wird für Christen so schön sein, daß wir es uns gar nicht vorstellen können. Da sind die kühnsten Bilder noch lange nicht schön genug. Ich habe überhaupt keine Angst, daß man hier übertreiben könnte. Wenn jemand zu mir sagt: „Die goldenen Straßen – von denen die Bibel spricht – sind lächerlich. Es gibt doch keine goldenen Straßen." Dann sage ich: „Ja, lieber Bruder, das steht aber geschrieben. Die Offenbarung beschreibt diese goldenen Straßen. Da kann man nur sich freuen lernen."

Wie soll ein Patient mit den ärztlichen Behandlungsvorschlägen umgehen?

Hinterfragen Sie ganz neugierig die vorgeschlagenen Behandlungsmethoden und denken Sie mit. Lassen Sie sich ausführlich die Vor- und Nachteile jeder Therapieform erkären. Fragen Sie nach Alternativen. Und hinterfragen Sie die Vorschläge des

Arztes. Er meint es zwar gut, aber er sieht nicht das Gesamtbild, das Sie vielleicht sehen. Leider sehen viele Ärzte nur ihre Klinik und nicht mehr. Sie haben Hunderte und Tausende von Patienten, die aus der Klinik entlassen wurden, von denen sie nicht mehr wissen, wie es bei ihnen weitergegangen ist. Sie haben nicht erlebt, daß manche Patienten mit biologischen Methoden ungewöhnlich lange und wohlauf überlebt haben oder sogar geheilt wurden.

Ich persönlich unterscheide auch sehr stark, ob eine Chemotherapie oder Bestrahlungen wirklich angebracht sind. In einer ganzen Reihe von Fällen rate ich eher zu biologischen Krebstherapien.

Aber das kommt immer auf die einzelne Diagnose an.

Wie gehen Sie bei Ihrer Behandlung konkret vor?

Zunächst einmal überprüfe ich die Histologie, das heißt, was sind die feingeweblichen Befunde des bösartigen Geschwulstes, die der Patient hat. Dann prüfe ich die Ansprechrate der Chemotherapie bei der jeweiligen Krebsart nach neuesten Studienergebnissen. 22 % wären mir zum Beispiel zu wenig gemessen an den Nebenwirkungen. Beim Hodenkrebs liegt die Ansprechrate dagegen bei 93 %. Da ist es überhaupt keine Frage, eine Chemotherapie zu empfehlen. Oder wir operieren bei diesem oder jenem Krebs ohne Zögern.

Parallel dazu bauen wir aber die Immunabwehr des Körpers auf. Denn durch die Operation, insbesondere bei Erhalt von Fremdblut, ist die Körperabwehr über ein halbes Jahr lang extrem geschwächt – und den Metastasten ist Tür und Tor geöffnet. In dieser Situation sollten wir an die noch im Blut schwimmenden Krebszellen herangehen, und zwar mit enzymhaltigen Medikamenten, welche die Fibrinnetze um die Krebszellen auflösen. Hier muß man biologisch denken und nicht nur chemisch. Diese Enzympräparate sind leider nicht ganz billig.

Man sollte auch der Bestrahlung ihr Feld lassen. Da, wo wir weniger radikal operiert haben, etwa an der weiblichen Brust, sollte man mit der Bestrahlung großzügiger sein. Wichtig ist nur, daß danach wieder die Immunabwehr aufgebaut wird.

Wie beurteilen Sie die Chemotherapie?

Die Chemotherapie greift die Zellen zytotoxisch an, das heißt, sie liefert Gifte gegen diese Zellen. Sie ist aber nicht nur für die bösartigen Zellen giftig, sondern meistens auch für die gutartigen, das zeigt sich etwa im Blutbild. Da finden sich auf einmal viel zu wenig weiße Blutkörperchen und viel zu wenig Killerzellen. Die Abwehrkräfte sind am Boden. Gerade die brauche ich aber jetzt mehr denn je. Ich will nicht, daß die Chemotherapie die verschiedenen noch vorhandenen Krebszellen tötet, das soll möglichst die eigene Abwehrkraft leisten – also die Killerzellen –, denn erst dann ist der Krebs endgültig überwunden.

In manchen Kliniken wird dem Patienten erzählt: „Wir müssen unbedingt eine Chemotherapie anwenden", weil dort vielfach biologische Therapien nicht bekannt sind. Willigen die Patienten ein, dann fühlen sich viele so elend, daß nach wenigen Infusionen die Behandlung abgebrochen werden muß, weil der Patient die Chemotherapie nicht mehr aushält. Das ist für viele die schlimmste Zeit. Der Patient erbricht sich, er kann nicht mehr essen, er verzweifelt. – Die Psyche liegt darnieder. Eigentlich ist alles, was aufgebaut werden sollte, zunächst einmal gründlich zerschlagen. Das kann nur in Ausnahmefällen der richtige Weg sein. Hier gilt es, eine konkrete Schaden-Nutzen-Analyse aufzustellen.

Welche Alternativen gibt es?

Wenn die international bestätigte Ansprechrate einer bestimmten Methode unter 40% liegt, lasse ich keine Chemotherapie mehr durchführen. Leider wird diese Therapie vielfach nur angewandt, damit überhaupt etwas geschieht. Außerdem ist eine gute Ansprechrate leider noch keine Heilung. Meistens wächst der Tumor nach Beendigung der Chemotherapie von neuem, mitunter schneller. Häufig ist in solchen Fällen der Schaden größer als der Nutzen. Deshalb kann man nur empfehlen, auch die biologischen Gesichtspunkte nie aus dem Auge zu verlieren. Ich rate den Patienten, zu einem Arzt zu gehen, der auch biologische Therapiewege in den Behandlungsplan einbaut.

Und außerdem kann man parallel zur Chemotherapie einiges tun, um die Abwehrkräfte zu stärken. Die Adressen der Ärzte für Naturheilverfahren findet man übrigens in den „Gelben Seiten“ jedes Telefonbuches.

Welche Chancen bietet der christliche Glaube?

Für mich ist der Glaube an Jesus Christus die Basis. Denn allein durch den christlichen Glauben kenne ich das Woher und Wohin. Allein durch den Glauben weiß ich, daß ich den Weg nicht alleine gehe.

Ich bin ein Kind meines Vaters im Himmel. Gott liebt mich gerade in dieser Krise. Welcher Vater, der allmächtig ist, würde gerade in einer solchen Not sein Kind nicht mit besonderer Aufmerksamkeit beobachten und alles tun, damit nicht unnötiges Leid auferlegt wird?

Ich rechne konkret mit der Hilfe des Heiligen Geistes. Gerade bei Entscheidungen, wie es weitergehen soll, oder bei der Frage nach der richtigen Behandlung hilft das Gebet, das persönliche Gespräch mit Gott. Das heißt für mich, auf Fingerzeige zu achten, die Gott mir schenkt: Ein Fingerzeig kann die Bibel, das Wort Gottes sein. Es ist der wichtigste Indikator dessen, was Gott mir sagen will. Dazu zählt auch das Gespräch mit anderen Christen, mit Brüdern oder Schwestern aus der Gemeinde. Es kann eine Antwort geben, wenn sie vom Heiligen Geist geleitet sind. Hinzu kommt die innere Führung. Oft weiß man innerlich: Dies oder jenes ist gut für mich. Schließlich gibt es noch die äußere Führung. Auf einmal schließt sich die Tür zu irgendeiner Klinik oder Behandlung, und ich muß jetzt irgendwo anders hin oder etwas tun, von dem ich noch gar nichts wußte.

Was antworten Sie Patienten, wenn sie fragen:
„Warum läßt Gott das zu?“

Das ist eine sehr wichtige Frage. Wenn der Betreffende reif genug ist, versuche ich ihm folgendes zu erklären: Das Denken dieser Welt beruht auf dem Prinzip von Ursache und Wirkung. Man sagt sich, alles muß eine Ursache haben. Nur besteht das

Problem, daß ich die Ursache nicht genau kenne. Beim Krebs habe ich mich nicht angesteckt und mich nicht erkältet. Also hat es eine andere Ursache. Wahrscheinlich habe ich gesündigt, so meine ich, und jetzt bestraft mich Gott. Leider denken viele so und haben so einen Richter und Polizisten als ihren Gott. Aber als Christ gilt für mich nicht mehr das Prinzip von „Ursache und Wirkung", sondern ein neues Denken, das ich „Bestimmung und Erstattung" nenne. Es kann sein, daß ich als Christ von Gott dazu bestimmt bin, eine bestimmte Krankheit zu tragen; dabei kann es nach biblischer Sicht ein Erziehungs-, Verherrlichungs- oder priesterliches Leiden sein. So wie Paulus im Kolosserbrief (1,24) schreibt: „Jetzt freue ich mich in den Leiden und ergänze in meinem Fleisch, was noch rückständig ist von den Drangsalen des Christus für seinen Leib."

Als Christen *sollen* wir solches Leid vielleicht tragen und bekommen dafür eine Wiedererstattung, wenn wir nach dem Tod bei Gott sind. Wer dieses Prinzip einmal erahnt, weiß, daß er nicht von Gott bestraft wird. Selbst dann nicht, wenn er „etwas auf dem Kerbholz" hat, wenn er vielleicht Ehebruch begangen oder abgetrieben hat. Natürlich ist es wichtig, diese Schuld zu bereinigen, aber sie wird dann nicht mehr der Grund für eine Krebserkrankung sein. Hier muß eine ganz andere, geheimnisvolle, vielleicht wunderschöne Begründung dahinterstecken. So wie der Liederdichter sagt: „Leiden, wer ist deiner wert. Hier nennt man dich eine Bürde, droben bist du eine Würde, die nicht jedem widerfährt." Wer so zu denken lernt, der bewertet sein Leid und auch den Krebs ganz anders.

Wann sollte man sich als Patient mit dem Sterben auseinandersetzen?

Als Christ sollte man immer auf das Sterben vorbereitet sein. Das Sterben ist das Ziel, auf das ich zugehe, der Grund meiner Wanderung. Ich habe zu diesem Thema einmal ein Buch geschrieben *Sterben – der Höhepunkt des Lebens* (Brockhaus Verlag). Und daran glaube ich auch. Schon als Kind, oder als Heranwachsender gehen wir auf den Höhepunkt des Lebens zu. Man sollte immer unterwegs sein. *Unterwegs zum Höhepunkt des Lebens* wird deshalb mein nächstes Buch heißen (Paulus-

Verlag). Ich rate meinen Patienten, sich nicht nur wegen einer eventuellen Krebserkrankung mit dem Sterben zu beschäftigen. Vielleicht hat Gott längst etwas ganz anderes vor. Es kann sein, daß er morgen wiederkommt oder daß ich an einem Herzinfakt sterbe oder durch einen Autounfall. Der Krebs sollte nicht der einzige Grund sein, daß ich auf einmal ans Sterben denke. Wir sollten immer an das Sterben denken – nicht als eine Katastrophe, auf die ich zugehe, sondern als den Höhepunkt meines Lebens. Das bedeutet aber auch, daß ich offen mit meinem Partner darüber spreche und das Sterben nicht tabuisiere.

Vor sieben Jahren haben Sie bei sich selbst Krebs festgestellt. Wie ist das, wenn man Tausende von Patienten behandelt hat und nun vor der gleichen Diagnose steht?

Ein Erschrecken ist es zunächst immer. „Jetzt bist du selbst dran, aber jetzt hast du die Gelegenheit, zu leben, was du anderen immer gesagt hast." Bei der Computertomographie hat sich ergeben, daß ich in der linken Niere einen Tumor habe. Der Kollege hat mir dann geraten, sofort zu operieren, weil auch im Urin bösartige Zellen gefunden wurden. Ich habe mich aus zweierlei Gründen gegen eine sofortige Operation entschieden:

Nachdem ich über tausend Krebspatienten geraten hatte, zunächst auf den Herrn zu blicken und nicht kopfüber und in Panik alles zu tun, was eine noch so hochkarätige Kapazität rät, wollte ich selbst demonstrativ diesen Weg zunächst geistlich und erst dann medizinisch wählen. Unter Gebet habe ich dann die biologische Therapie ohne Operation gewählt, wie ich sie bei vielen Patienten durchgeführt habe. In einer sehr hohen Dosierung habe ich Mistelpräperate genommen. Über sechs Monate ist der Tumor ganz langsam weitergewachsen, aber dann stagnierte er und bildete sich schließlich langsam zurück. Er ist auch heute noch da, aber er ist eingekapselt. Offensichtlich sind meine Abwehrkräfte jetzt so stark, daß er nicht mehr wachsen kann. Meine Kollegen haben allerdings nur den Kopf geschüttelt und mich für verrückt erklärt. Als sich hinterher erwies, daß der Tumor wirklich nicht weiter wächst, kamen die Experten zu dem Ergebnis, daß es sich vermutlich um einen gutartigen Tumor gehandelt hat. Allerdings hatte ich vorher die Mitteilung vom Pathologen, daß im Harn bösartige Zellen enthalten waren. Es soll einfach nicht wahr sein, was nicht wahr sein darf.

Wie hat sich Ihre Erkrankung auf Ihre Beziehung zu Gott ausgewirkt?

Meine Beziehung zu Gott wurde inniger. Es war mir völlig klar, daß das eine Bestimmung ist. Ich habe nie irgendeinen Zweifel gehabt oder die Meinung vertreten, ich würde jetzt bestraft werden. Der Gedanke kam mir gar nicht. Denn wenn jemand Krebs hat, ist das kein Grund zur Panik, sondern zu einer neuen Hinwendung zu unserem Herrn.

Welche Rolle spielt die Psyche bei der Entstehung von Krebs, aber auch bei der Therapie?

Wenn jemand getrost ist und Freude hat am Herrn, am Wort Gottes, an der Gemeinschaft mit anderen Christen in dieser Zeit, trotz seiner Krankheit, dann ist das eine unfaßliche Hilfe im Gegensatz zu depressiven Stimmungen, Sich-Abkapseln und Zurückziehen. Die Psyche steuert entscheidend das Abwehrgeschehen im Blut. Deshalb ermutige ich Patienten, Urlaub zu machen, auszuspannen, Freude zu haben an der Bibel, aber auch an Bildern und an Musik oder anderem, was einem liebgeworden ist.

Können Sie abschließend noch eine Buchempfehlung geben?

Zwei meiner eigenen Bücher habe ich schon genannt. Hilfreich ist *Aktive Krebstherapie und Vollwertkost* von Dr. Peter Wolf aus Hannover (Taoasis Verlag, Lemgo).

Die Ernährung spielt nämlich auch eine Rolle. Der Autor praktiziert eine Therapie, die ich bei ihm gesehen habe und auch selbst durchführe.

Von Frau Dr. med. Veronica Carstens, der Frau unseres ehemaligen Bundespräsidenten, liegt eine sehr informative Broschüre vor: *Diagnose und Therapie von Krebs mit Mitteln der Erfahrungsheilkunde* (Schriftenreihe „Natur und Medizin" Heft 4, Natur und Medizin e.V., Am Michaelshof 6, 53177 Bonn).

Elisabeth Schick

Elisabeth Schick

66 Jahre
verwitwet, 4 Kinder
Rentnerin
Freudenstadt

Ich fange neu an

Über 25 Jahre wurde mein Leben von einem schweren Asthmaleiden geprägt. Es gab viele Nächte, in denen meine Mutter an meinem Bett saß und betete, weil ich vor dem Ersticken Angst hatte. Doch wie durch ein Wunder war ich nach der Geburt meines zweiten Kindes geheilt.

Aber die Angst blieb in meinem Leben, ganz besonders vor der gefürchteten Krankheit Krebs. Nur das nie erleben müssen! Mein Mann Gerhard hat mich immer wieder liebevoll getröstet und beruhigt. An seiner Seite fühlte ich mich wirklich geborgen – er war mein Halt. Vor Gott hatte ich oft ein schlechtes Gewissen, weil meine Angst mich ständig begleitete. Dazu kam noch die Angst, daß Gott mich gar nicht annehmen könnte, weil ich ihm nicht genug vertraute.

Und nun zeigte sich diese Krankheit, die ich so sehr fürchtete, bei meinem Mann. Er war wegen Schmerzen zum Arzt gegangen. Die Untersuchung bestätigte die schlimmste Ahnung:

Darmkrebs mit Metastasen in der Leber. Der Arzt sagte uns, seine Lebenserwartung sei höchstens noch ein Vierteljahr. Das war zu viel für mich! Die Krankheit trat mitten in all die vielen Pläne und Aufgaben als Pfarrer, die meinen Mann ausfüllten.

Aber es mußte weitergehen. Mein Mann lag im Krankenhaus, und ich mußte die Arbeit im Pfarramt notdürftig weiterführen; mußte völlig ausgebrannt, wie ich war, mit Menschen reden und Dinge erledigen, die mir unendlich schwerfielen. In meinem Herzen schrie alles nach Hilfe. Wie sollte ich das alles durchstehen? Ich hatte ohne Vorwarnung das Todesurteil des liebsten Menschen erfahren! Ich konnte nicht einmal mehr zu Gott schreien. In mir verstummte alles. Jetzt brauchte ich meine ganze Kraft, um weiterzumachen. Nun sollte ich stark sein – und konnte es nicht. Ich war am Verzweifeln und hatte Angst, das zuzugeben.

Dann schenkte uns Gott noch einmal große Freude. Durch eine zweite und dritte Operation konnten die Ärzte die Metastasen in der Leber beseitigen. Es ging meinem Mann so gut, daß er zwei Jahre voller Kraft und Freude seine Arbeit tun konnte. Ja, er konnte auch die Erfahrungen, die er durch seine Krankheit gemacht hatte, an viele Menschen weitergeben. Er erzählte von Gottes wunderbarer Hilfe und freute sich.

Ich auch! Aber bei mir war im Hintergrund ständig die Angst: „Wann kommt die Krankheit wieder?" Ich traute mich nicht, meinem Mann von dieser Angst zu erzählen. Ich litt sehr darunter, weil wir bis dahin alle Nöte und Sorgen miteinander besprechen und gemeinsam tragen konnten. Nun konnte ich über die größte Not meines Lebens nicht mit ihm reden – weil sie ihn selbst betraf. Es war so viel Angst in mir, die in bangen Nächten zu einer übermächtigen Qual wurde.

Und tatsächlich, nach zwei Jahren wurden bei einer Kontrolluntersuchung neue Metastasen gefunden. Zuerst hofften die Ärzte, eine weitere Leberoperation würde helfen. Doch schon bald wußten wir: Nun gibt es keine Hoffnung mehr.

Es kam die Zeit des Abschiednehmens. Wir mußten uns von sehr vielem lösen; von unserer Gemeinde, unserer Heimat, unserem Haus. Am letzten Sonntag im November hielt mein Mann in der Gemeinde seine Abschiedspredigt. Sie war für alle sehr bewegend, zumal sie schon von seinem nahenden Tod

Gerhard und Elisabeth Schick

geprägt war. In dieser Zeit mußten wir umziehen und eine neue Wohnung einrichten, obwohl wir wußten: Am Ende, wenn alles fertig ist, wartet nur der Tod.

Gott gab uns Zeit, in Ruhe den Tod zu erwarten. Es war jedoch eine Beruhigung zu wissen: Hier sind wir zu Hause, und mein Mann darf jetzt krank sein; es wird nichts mehr von ihm erwartet. Wenn ich zurückdenke, sehe ich, daß wir in aller Angst und Not doch bei Gott geborgen waren, nicht zuletzt durch die vielen Gebete unserer Freunde und Gemeindeglieder. Trotzdem wich die Angst nicht von mir. Kann ich zusehen, wenn der liebste Mensch für immer die Augen schließt? Das ist unvorstellbar schwer.

Ich erinnere mich noch genau, wie er vier Wochen vor seinem Tod im Wohnzimmer saß. Mit seiner Hand hat er sich immer wieder an die Leber gegriffen, weil er so starke Schmerzen hatte. Und trotzdem sagte er ganz dankbar: „Mir geht es doch so gut. Ich sollte doch eigentlich schon lange nicht mehr am Leben sein."

Gerade jetzt erlebte ich mit unseren Kindern zusammen eine

Zeit, die uns allen unvergeßlich bleibt. Ich konnte in den letzten Tagen plötzlich meinen Mann loslassen. In mir hieß es: „Nun darf er sterben; ich will ihn nicht mehr festhalten, wenn Gott ihn ruft." Das konnte nur Gott selbst in mir bewirkt haben. Tag und Nacht waren wir bei ihm, sangen und beteten an seinem Bett. So erlebten wir einen Frieden und eine Geborgenheit, wie wir es uns nie hätten vorstellen können. Gott war bei uns und machte es uns möglich, gelassen auf das Ende zu warten. Von meinem sterbenden Mann ging ein besonderer Friede und zugleich eine stille Freude aus, und in seinen leuchtenden Augen spiegelte sich ein Glanz von Gottes Gegenwart.

Vier Stunden vor seinem Tod war der Dekan bei ihm, um mit ihm zu beten: „Der Herr ist gut und bleibt es bis zum Tod. Wir dürfen getrost in seinen Armen sterben. Der Herr ist gut." Und dann hat mein Mann ganz klar einen letzten Satz gesagt „. . . und der Heilige Geist auch!" Danach hat er nicht mehr gesprochen.

In seiner letzten Stunde war die ganze Familie versammelt. Wir haben alle an seinem Bett gestanden und gemeinsam gesungen: „Christus ist mein Leben!" Und dann hat er mich mit seinen strahlenden Augen angeschaut, und ich habe zu ihm gesagt: „Du siehst schon was . . ." Daraufhin hat er seinen Kopf zu mir gedreht und mich bis zu seinem letzten Atemzug mit leuchtenden Augen angeschaut – bis er dann gestorben ist.

Das war für uns alle ein ganz einschneidendes Erlebnis. Vor allem, weil keiner verzweifelt war, sondern wirklich getrost in Gott. Vorher hatte ich immer Angst, daß ich das nicht schaffe. Aber in dieser schweren Situation habe ich wirklich Gottes Nähe und seinen Zuspruch gespürt.

Doch dann war ich allein. Ich kam mir vor wie jemand, der am Ufer steht und einem Schiff nachschaut, auf dem der geliebte Mensch immer weiter wegfährt. Er kommt nie mehr zurück – kein Blick, kein Wort, kein Händedruck mehr. Abschied für immer. Der Schmerz wühlte mich immer wieder auf, und in mir tat alles weh, weil der Mensch, der mein Leben so reich gemacht hatte, nicht mehr da war.

Vier Wochen nach dem Tod meines Mannes stand die Hochzeit unseres Sohnes an. Nach den monatelangen Vorbereitungen hatten wir den Termin nicht verschieben wollen. Doch leider wurde es für uns, besonders für mich, kein Freudenfest. Beim Gang in die Kirche hatte ich das Gefühl, zu einer Beerdigung zu gehen, und auch meine beiden Töchter hingen bedrückt an mir. Ich mußte mich immer wieder zusammenreißen, um nicht loszuheulen, so schwer war mir ums Herz.

In den folgenden Monaten habe ich aber auch erfahren, daß Gott mich nicht verläßt und ich in ihm geborgen bin. Einerseits war für mich eine ganze Welt zusammengebrochen, und ich konnte mir nicht vorstellen, wie es weitergehen sollte. Andererseits hat mir Gott einen neuen, gangbaren Weg gezeigt und mich hellhörig gemacht für das Leid anderer. Ich nehme mir jetzt viel Zeit, um im persönlichen Gespräch Menschen weiterzuhelfen. Diese seelsorgerlichen Gespräche sind eine wichtige Aufgabe für mich geworden, auch von meinem eigenen Schmerz wegzukommen. Daneben habe ich mich in unserer Stadt an der Aktion „Neu anfangen" beteiligt, um gemeindeferne Menschen zum Glauben einzuladen. Aus dieser Initiative haben sich in meiner Wohnung zwei Hauskreise entwickelt, die mir sehr viel Freude machen.

Und so ist dieses Ende ein neuer Anfang für mich geworden. Heute kann ich im Vertrauen, daß ich immer wieder neue Kraft von Gott empfange, mutig meinen Weg gehen. Mein Alltag hat wieder neue Schwerpunkte gewonnen, und ich kann sagen: Ich lebe wieder gerne.

Anton Schulte

70 Jahre
verheiratet, 2 Kinder
Gründer von
„Neues Leben“
Wölmersen

Anton Schulte

Abschied von Hermine

Der 2. November 1988 war ein besonderer Tag für Hermine und mich: Gemeinsam feierten wir unseren 36. Hochzeitstag. Ich hatte ihr schon am Vorabend einen großen Blumenstrauß überreicht und übergab ihr jetzt mein persönliches Hochzeitsgeschenk: Es war ein schöner Morgenmantel aus Mohair, ganz leicht, weil sie ihren alten, schweren Morgenmantel nicht mehr tragen konnte. Eigentlich war es ein schöner Festtag mit unseren beiden Söhnen, den Schwiegertöchtern und ihren Kindern.

Doch in der Luft lag so etwas wie Abschiedsstimmung: Hermine war krank, todkrank.

Zwei Jahre zuvor, im November 1986, hatte der Arzt bei ihr ein geplatztes Karzinom im Dickdarm festgestellt. Hinzu kam noch der Verdacht auf Brustkrebs. Uns beide traf diese Diagnose wie ein Blitzschlag. Wir hatten vielen Menschen Trost zugesprochen, die an Krebs erkrankten. Nun mußten wir uns selbst an das halten, was wir anderen geraten hatten. Doch die Warum-Frage blieb: *Oh, Gott, warum? Warum muß es uns treffen?*

Unser Vertrauen in Gott wurde während dieser Zeit auf eine harte Belastungsprobe gestellt. Hermine kam ins Krankenhaus und wurde operiert. Leider bestätigte die Gewebeprobe die Vermutung: Hermine hatte nicht nur Darmkrebs, sondern auch Brustkrebs. Nach der Operation erklärte uns der Arzt, daß wir zu 70 % davon ausgehen könnten, daß keine weiteren Geschwulste auftreten würden. Allerdings bliebe ein Risiko von 30 %.

Mit dieser Nachricht fuhren wir nach Hause und fingen an, unsere Ernährung umzustellen und bewußter zu leben. Hermine wälzte verschiedene Bücher über alternative Krebstherapien und unterschiedliche Behandlungsmethoden. Im folgenden Frühling züchteten wir in unserem neu angelegten Biogarten ganz ohne Kunstdünger unser eigenes Gemüse. Alle sechs Wochen mußte Hermine zur Nachuntersuchung. Ich werde nie vergessen, wie der Arzt ihr Anfang November die hoffnungsvolle Nachricht mitgab: „Frau Schulte, man kann sagen, Sie sind geheilt."

Leider war unsere Freude nicht von langer Dauer: Am 14. Dezember 1987 wurde Hermine wieder ins Krankenhaus nach Waldbröl eingeliefert. Dort stellte der Professor fest, daß es sich um einen Darmverschluß handelte. Da ihre Werte sehr schlecht waren, mußte Hermine erneut operiert werden. Die Operation dauerte sehr lange, spät abends rief mich der Arzt an: „Herr Schulte, ich muß Ihnen leider sagen, daß wir einen Tumor im kleinen Becken nicht ganz entfernen konnten. Ich hätte Ihre Frau getötet, wenn ich das getan hätte. Leider muß ich Ihnen ganz offen sagen, Ihre Frau wird an der Krankheit sterben."

„Und wieviel Zeit hat sie noch?"

„Es können drei oder vier, aber auch noch acht Monate sein. Ich weiß es nicht."

Daraufhin fragte ich zurück: „Gibt es noch irgendwelche Heilungschancen?"

„Nein, leider nicht. Man kann nur den Tod noch etwas hinausschieben, mehr nicht."

Diese Hiobsbotschaft war mehr als ein Schlag in den Magen.

Hermine und Anton Schulte

Ich sprach ganz offen mit Hermine über die Prognosen des Arztes. Gemeinsam weinten und beteten wir und legten ihr Leben ganz bewußt in Gottes Hand.

Ich selbst wurde mit dieser Situation nicht mehr fertig. Ich fing an, am Willen Gottes zu zweifeln, und stand immer wieder vor der Frage: *Herr, warum? Warum meine Frau? Warum ich?* Doch ich hatte keine Antwort darauf. Hinzu kam die Angst: *Was wird morgen sein? Wird Hermine noch mehr leiden müssen? Wie wird das Ende sein?*

Ich versuchte so oft wie möglich bei ihr zu sein. Sie brauchte keine klugen Ratschläge, sondern vor allem meine Nähe, meine Zuwendung – einfach jemanden, der sie streichelte, bei ihr war.

Besonders schlimm waren die wiederkehrenden Schmerzen, wenn die Medikamente nachließen. Am Anfang betäubten sie noch sechs Stunden ihre Schmerzen, dann nur noch vier Stunden. Und schließlich mußte sie alle drei Stunden die Mittel einnehmen. Ich selbst war gefühlsmäßig auf einer Achterbahn und rief Gott immer wieder an: „Bitte, Herr, laß sie nicht so lange leiden!“ Auch äußerlich konnte man sehen, welche Wirkung der Tumor hatte: Die Knochen wurden schwächer, die Haut bekam immer mehr Falten. Ich konnte richtig beobachten, wie ihr Körper nach und nach verfiel.

Auch die Krankenbesuche ließen nach – anscheinend wuchsen mit dem Stadium ihrer Krankheit auch die Berührungsängste der anderen. Doch die engsten Verwandten blieben treu an ihrer Seite und kümmerten sich liebevoll um sie. Unsere beiden Söhne Peter und Wilfried und ihre Frauen kamen häufig und sorgten immer für neue Freude. Auch ihre ältere Schwester Änne hielt treu den Kontakt. Beide telefonierten oft und hielten so auch die anderen Verwandten auf dem laufenden.

Hermine wurde immer schwächer. In den Keller konnte sie nicht mehr gehen, weil es zu beschwerlich war. Dann wurden ihre Knochen so kraftlos, daß ich sie tragen mußte. Ich überlegte mir: *Was wird, wenn die Schmerzen so stark sind, daß kein Medikament mehr hilft?* Ich erinnere mich noch an die Nächte, in denen ich vor der Frage stand, ob man ein Leben, das ohnehin zu Ende geht, nicht früher beenden darf?

Auf der anderen Seite war es schön zu sehen, welchen tiefen Frieden Hermine in dieser schweren Zeit ausstrahlte. Ich dagegen fühlte mich kraftlos und gestreßt, weil ich allen Anforderungen gerecht werden wollte und doch nicht konnte.

Kurz nach unserem 36. Hochzeitstag konnte man das nahende Ende bereits absehen. Ich weiß noch, wie Hermine an einem Novembermorgen gegen vier Uhr über starke Schmerzen klagte. Und dann fügte sie noch hinzu: „Aber ich bin ja auch bald bei meinem Herrn Jesus!“

Als sie zwei Stunden später ihre Schmerzmittel nicht mehr nehmen wollte, rief ich den Arzt an, der dann sofort kam, um zu helfen. Am nächsten Morgen, es war der 19. November 1988, ist meine liebe Hermine heimgegangen – zu ihrem Herrn, an den sie geglaubt hat und dem sie in großer Treue gedient hatte.

Damit war also unser gemeinsames Leben nach 36 Ehejahren zu Ende gegangen. Gott weiß warum, ich weiß nicht einmal wozu. Doch in der Bibel las ich den Vers aus Römer 8, 28: „Wir wissen, daß denen, die Gott lieben, alle Dinge zum Besten dienen.“

Die folgenden Tage habe ich wie in Trance erlebt. Ich war hellwach und hatte das Gefühl, doch nicht richtig da zu sein. Das Haus war das alte, und doch war nichts wie zuvor. Obwohl wir elf Monate auf den Sterbetag gewartet und genügend Zeit zum Abschiednehmen gehabt hatten, war die Wirklichkeit auf einmal doch erschütternd. Ich saß in einem leeren Haus und wurde mir immer mehr bewußt, daß ich alles verloren hatte. Ohne Hermine erschien das ganze Leben sinnlos und leer. Natürlich wußte ich, daß sie bei Jesus war und daß sie es dort viel besser hatte. Und dennoch fehlte mir ihre Nähe, ihr Verständnis, ihre Zuneigung und Liebe.

Die Beerdigung habe ich als eine richtige Trostfeier erlebt. In der Nacht hatte es geschneit, und der ganze Friedhof war mit frischem Schnee bedeckt. Ein langjähriger Freund von mir hielt die Trauerpredigt, die für mich mehr eine Trostpredigt war. Dabei hat mir ein Wort des Apostels Paulus besonders geholfen: „Ihr sollt nicht trauern wie die, die keine Hoffnung haben."

Nach Weihnachten fuhr ich für einige Tage nach Sylt. Doch zuvor hatte ich meine Söhne noch um einen Gefallen gebeten: „Wenn ich weg bin, bitte ich euch, alle Kleider eurer Mutti wegzunehmen. Ich möchte, daß wenn ich zurückkomme, nichts mehr von ihr da ist." Mir war klar, daß ich einen Schlußstrich ziehen mußte. Denn jedes Bild und jedes Kleid erinnerte mich an sie und verstärkte so meine Trauer.

Auf Sylt war ich allein mit Gott, ich konnte ihm mein ganzes Leid klagen. Immer wieder dachte ich, jetzt müßte ich eigentlich Hermine fragen, was sie dazu denkt. Aber mir wurde zunehmend klar, daß ich lernen mußte, allein zu sein. Hinzu kamen starke Schlafstörungen. Nachts lag ich meist wach, und tagsüber schlief ich schon beim Lesen eines Buches ein. Ich hatte das Gefühl, daß mein innerer Motor auf Hochtouren lief und nicht mehr abzustellen war.

In diesen Wochen an der Nordsee fand ich einen Weg, meine Trauer zu bewältigen. Immer wenn die depressiven Gefühle in mir hochkamen, erinnerte ich mich bewußt an all die schönen Stationen unseres gemeinsamen Lebens. Und dann fing ich an, Gott für 36 schöne Ehejahre zu danken, für alle Bewahrungen, für die gesunden Kinder und Enkelkinder, für die Gemeinde und für die Beter, die an uns gedacht hatten.

Erst sechs Monate nach Hermines Tod habe ich mein Alleinsein richtig realisiert. Während ich in den ersten Wochen nach ihrem Heimgang nur auf das reagiert hatte, was auf mich zukam, fing ich nun an, selbst aktiv zu werden. Ich mußte lernen, meine alten Gewohnheiten aufzugeben, und vor allem mußte ich einen eigenen Lebensstil ohne Frau finden. In dieser Zeit habe ich gemerkt, daß man keine Ziele automatisch findet – im Gegenteil: Man muß sich diese Ziele ganz bewußt setzen.

Bei meiner Bibellese wurde mir in dieser Zeit der Neuorientierung ein Vers aus dem Philipperbrief wichtig (1,9): „Ich bete darum, daß eure Liebe immer noch reicher werde an Erkenntnis und aller Erfahrung, damit ihr prüfen könnt, was das Beste sei, damit ihr lauter und unanstößig seid für den Tag Christi." Paulus spricht davon, daß er darauf wartet, daß die Christen in Philippi mehr Erfahrungen aus ihrem Leid heraus machen. Das ist das Spannungsfeld, in dem wir leben müssen. Jesus hat nicht gesagt, daß wir Christen keine Krankheit erfahren müssen. Aber er sichert uns zu, „daß denen, die Gott lieben, alle Dinge zum Besten dienen".

Anton Schulte hat den Abschied von seiner Frau ausführlich in einem Buch beschrieben: „O Gott, Warum?" – erschienen im Bibel-Shop-Verlag in Kierspe.

Annette Voellner

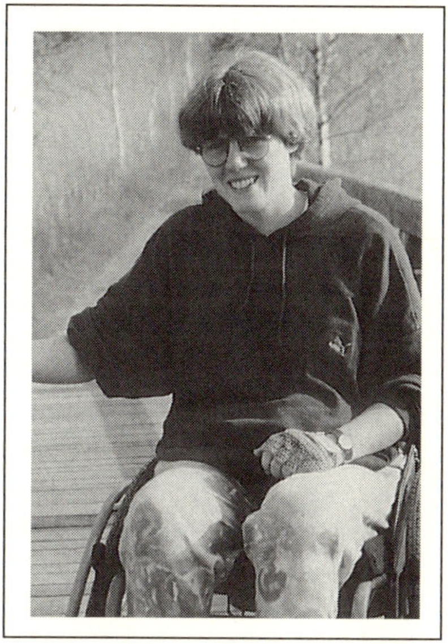

Annette Voellner

28 Jahre
verheiratet
Krankenschwester
Sigmaringen

Heute lebe ich bewußter

Ich habe als Krankenschwester auf einer Kinderstation gearbeitet. Wir hatten ein sehr gutes Arbeitsklima, und ich habe mich sehr wohl gefühlt und auch sehr gerne dort gearbeitet. Ich würde sagen, ich bin sogar richtig in der Arbeit aufgegangen. Wir als Pflegeteam und die Kinder haben immer eine Menge Spaß miteinander gehabt. Im Vergleich zu vielen anderen Leuten heute habe ich damals einen sehr ausgeglichenen und schönen Arbeitsalltag gehabt. Auch meinen Glauben habe ich sehr fröhlich gelebt und mich in der Jungschar- und Teenagerarbeit meiner Gemeinde engagiert.

Die Krebsdiagnose hat mich wie ein Faustschlag getroffen – mitten in mein fröhliches Leben hinein.

Vorausgegangen waren Schmerzen und eine Mini-OP am Knie im Januar 1990. Und nun wurde von einem Tag auf den anderen plötzlich mein Oberschenkel dick, rot und heiß. Unser Stationsarzt schlug die Hände über dem Kopf zusammen, als ich ihm die Sache zeigte. Er schickte mich am gleichen Tag noch zum Onkologen, dem Facharzt für Tumorerkrankungen. Als der meinen Oberschenkel sah, äußerte er sofort den Verdacht auf ein Osteosarkom. Ich wußte, daß es sich dabei um einen der bösartigsten Knochentumore handelt, der kaum eine Überlebenschance bietet. Noch am gleichen Abend wurde am Knie eine Probe entnommen. Und knapp 24 Stunden später bestätigte mir der Arzt die schlimme Diagnose.

In der Nacht vor Mitteilung des Untersuchungsergebnisses konnte ich mich gedanklich auf das einstellen, was auf mich zukommen würde. In meiner Ausbildung zur Krankenschwester hatte ich mehrere Patienten mit dieser Krebsart gepflegt, und vier Jahre zuvor war ein guter Freund von mir an dieser Krankheit gestorben. Ich wußte, daß ich mit einer sehr aggressiven Chemotherapie rechnen mußte, mit Bestrahlungen und wahrscheinlich auch mit einer Amputation meines Oberschenkels.

Trotz dieser Diagnose bin ich erstaunlich ruhig geblieben. So ruhig, daß es dem Arzt schon richtig verdächtig vorkam. Es war gerade ein dreiviertel Jahr vergangen, seitdem ich mich ganz bewußt für ein Leben mit Jesus Christus entschieden hatte. Und obwohl ich über die Folgen dieser schweren Diagnose genau Bescheid wußte, konnte ich ganz ruhig bleiben und voll Vertrauen Gott im Gebet die ganze Situation hinlegen. Ich habe ihn gebeten, mir zu helfen, daß ich richtig mit der Krankheit umgehen kann. Ich wollte ganz bewußt um mein Leben kämpfen, gleichzeitig aber auch bereit sein zu gehen, wenn Gott das für mich vorgesehen hatte. Ich hatte ein großes Vertrauen darin, daß Gott es letztendlich gut mit mir meint.

Natürlich hatte ich Angst vor den Therapien, den Nebenwirkungen und der Operation. Und dennoch war ich bereit, den schweren Weg zu gehen. Wie schwer er dann wirklich wurde und an welche Grenzen ich kommen würde, konnte ich zu dem Zeitpunkt allerdings noch nicht absehen.

Ich wußte, daß meine Eltern meine Erkrankung hart treffen würde, zumal sie mit meinem „frommen Getue" nichts zu tun haben wollten. Deshalb habe ich mich auch lange davor gedrückt, ihnen von meiner Krankheit zu erzählen. Erst als die Folgen der Chemotherapie sichtbar wurden und ich kurz vor der Operation stand, habe ich ihnen von der Diagnose berichtet. Meine Eltern waren noch härter getroffen, als ich es für möglich gehalten hatte. In ihrem Schock machten sie mir lautstarke Vorwürfe, als ob ich schuld an der Erkrankung wäre. Mein Vater wollte es nicht wahrhaben. Er war der Meinung, bei der Mini-OP im Januar hätten die Ärzte mein Knie „versaut" und müßten deshalb verklagt werden. Meine Mutter ereiferte sich vor allen Dingen dann, wenn sie in irgendeiner Illustrierten von ähnlichen Erkrankungen las und darin Erfolgsbehandlungen durch diese und jene Methode beschrieben wurden. Sie meinte, ich sollte doch mal hierhin und dorthin fahren und mich von diesem und jenem Doktor untersuchen lassen, denn die Ärzte könnten sich ja auch irren oder das Falsche tun.

Die Reaktion meiner Eltern hat mich mehr runtergezogen als alles andere. Ich hatte erwartet, daß sie mich nach dem ersten Schock begleiten und unterstützen würden. Als diese Unterstützung aber ausblieb, hat mich das fast mehr getroffen als die Diagnose. Das Paradoxe war, daß sie mir überhaupt nicht helfen konnten, sondern im Gegenteil noch meine Unterstützung brauchten. Und die Kraft dafür hatte ich beim besten Willen nicht!

Ganz anders haben meine Freunde und auch die Leute in meiner Gemeinde reagiert. Sie halfen mir, wo sie konnten, und gaben ihr Bestes, um mir den Halt und die Unterstützung zu geben, die ich brauchte. Natürlich gab es auch da Leute, die mir in ihrer Hilflosigkeit gutgemeinte Ratschläge gaben, die mir aber überhaupt nicht geholfen haben. Eine Frau, die medizinisch überhaupt keine Kenntnisse hat, meinte beispielsweise, ich solle doch keine Chemotherapie mehr machen, wenn es mir davon so schlecht ginge. Ein Mann war der Meinung, das würde schon alles wieder werden mit der Zeit und mit Gottes Hilfe.

Besonders enttäuscht hat mich damals mein Freund, der auch Christ ist und im gleichen Krankenhaus arbeitete. Bei meinem ersten Rückfall teilte er mir mit, daß er das alles nicht verkraften könne und die Beziehung zu mir beenden wolle. Sicher war es gut, daß er mir ehrlich gesagt hat, wie es ihm mit meiner Krankheit erging, aber trotzdem war es ein großer Schock für mich.

Unmittelbar nachdem sich die Verdachtsdiagnose bestätigt

hatte, wurde mit der Behandlung begonnen. Zunächst mußte ich eine ganze Serie von Chemotherapien durchstehen. Die Dosis war um das Zehnfache höher als die, die auf dem Beipackzettel angegeben war. Diese Serie sollte verhindern, daß sich der Krebs weiter ausbreiten konnte. Alle bösartigen Tumorzellen sollten abgetötet werden. Die Nebenwirkungen dieser aggressiven Therapie machten mir schwer zu schaffen. Ich kämpfte mit massiven Magen-Darmkrämpfen, mit Übelkeit und Erbrechen, mit Schüttelfrost und Haarausfall am ganzen Körper. Außerdem wurde mein Immunsystem so zerstört, daß ich teilweise Mundschutzpflicht hatte, um mich auch vor den kleinsten Infekten zu schützen. Die Magen-Darmkrämpfe und das viele Erbrechen haben mich dermaßen geschwächt, daß ich nicht einmal mehr den kleinen Finger heben konnte, geschweige denn irgend etwas sagen.

Aber ich war nicht nur körperlich am Ende, sondern auch seelisch. Ich hatte das Gefühl, von Gott total alleingelassen zu sein. Aus eigener Kraft konnte ich überhaupt nichts mehr tun. Deshalb bin ich dankbar, daß mir meine Freunde mit ihrer Mühe und Liebe zu verstehen gaben, daß Gott mir sehr wohl nahe war, und zwar durch sie. Sie waren teilweise Tag und Nacht bei mir und gingen „nebenbei" ihrem geregelten Alltag nach.

Nach einer Erholungsphase von drei Wochen wurde dann am 9. August 1990 die Operation durchgeführt. Ein Arzt unserer Klinik wollte sich nach einem von ihm entwickelten Operationsverfahren bemühen, das Bein zu erhalten. Ob es gelingen würde, war völlig unklar. Aber ich willigte trotzdem ein, denn mehr als mein Bein verlieren konnte ich ja nicht. Drei bis vier Stunden waren für die OP angesetzt. Als ich langsam wieder auf der Intensivstation wach wurde, wurde es bereits dunkel. Acht Stunden hatte die Operation gedauert. Ich hob die Bettdecke an, um einen Blick auf mein Bein zu werfen – und stellte fest, daß es komplett und fest eingegipst in einer Schiene lag. Trotz der schlimmen Schmerzen, die ich hatte, habe ich gejubelt und Gott gedankt.

Drei Wochen danach begann die nächste Chemotherapie, gerade als meine Haare wieder anfingen zu wachsen. Und nach weiteren drei Wochen kam auch der Gips ab. Gleichzeitig wurde noch eine Serie von Bestrahlungen angesetzt, um ganz sicherzugehen, daß alle bösartigen Zellen aus meinem Körper verbannt waren.

In dieser Zeit kam ich wirklich an meine körperlichen Grenzen. Die Belastungen waren einfach zu groß für mich. Ich wartete nur noch darauf, – wie ein Freund damals – an den Nebenwirkungen der Behandlung zu sterben. Ich habe nur gehofft, nicht so leiden zu müssen wie er.

Inzwischen war es Spätherbst geworden. Die Therapien waren endlich abgeschlossen, und ich begann mich körperlich wieder etwas zu erholen. Im Dezember war ich dann so weit, daß ich wieder arbeiten konnte. Endlich war wieder ein einigermaßen normales Leben möglich, abgesehen von den wöchentlichen Blutkontrollen und den regelmäßigen Kontrolluntersuchungen alle sechs Wochen.

Dieses „normalere" Leben dauerte leider nur kurze Zeit. Bereits im März/April 1991 wurde plötzlich mein Gehör auf der linken Seite immer schlechter. Die gründliche Untersuchung des HNO-Arztes ergab eine Metastase, eine Tochtergeschwulst im knöchernen Gehörgang. Und alles begann wieder von vorne!

In einer ambulanten Operation wurde der Knochen im Gehörgang abgetragen, das Trommelfell durch einen Muskellappen ersetzt und die Gehörknöchelchen entfernt. Außerdem wurde wieder eine Serie Chemotherapie und Bestrahlungen angesetzt. Ich überlegte mir, was Gott wohl mit mir vorhatte, daß er mich so quälte. Ich wollte einfach nicht mehr, und trotzdem hatte ich keine Wahl, wenn ich überleben wollte.

Anfang Mai war auch das überstanden.

Nun kann es nur noch aufwärts gehen, dachte ich. Dann kam es zu einem folgenschweren Unfall, der mein Leben noch weiter einschränkte. Vor der Klinik wurde ich von einem Auto angefahren. Seitdem muß ich auch noch mit einer inkompletten Querschnittslähmung leben.

Nun war es so weit, daß ich einfach nicht mehr glauben konnte, daß Gott es gut mit mir meint. Erst der Krebs, dann der Unfall, was wollte denn Gott noch!?

Das Schlimmste an der ganzen Situation war mit Sicherheit, daß direkt nach meinem Unfall von der Querschnittslähmung überhaupt nichts zu merken war. Wäre ich von Anfang an gelähmt gewesen, hätte ich gewußt, was auf mich zukommt. So aber wurde durch Unachtsamkeit der Ärzte die Absplitterung an der Wirbelsäule nicht entdeckt. Ich hatte zwar schlimme Rückenschmerzen, aber die hatte ich sowieso des öfteren durch meinen Beruf. Der freie Splitter konnte ungehindert ins Rückenmark eindringen. Er hat dort Blutungen verursacht, die das Rückenmark immer weiter schädigten.

Ich fiel ohne Grund hin, konnte meine Beine nicht mehr richtig bewegen, spürte sie nicht mehr, und schließlich funktionierten die Blase und der Darm nicht mehr richtig. Ich wußte nicht, wie weit das noch gehen würde. Die Ärzte kamen nicht an den Knochensplitter heran. Würde der Splitter bis in die Halswirbelsäule hochwandern? Warum ließ Gott das zu? Ich hatte doch schon genug mit meiner Krebserkrankung zu tun! Warum mußten diese Dinge alle mir passieren? Ich fand es ungerecht, daß ausgerechnet ich so viel Leid tragen sollte, während andere Menschen in meiner Umgebung kerngesund waren. Womit hatte ich das verdient? Wollte Gott mich strafen?

Meine Angst, irgendwann von der Halswirbelsäule ab gelähmt zu sein, wurde immer stärker. Zudem bekam ich Probleme mit dem linken Unterarm. Ich hatte auch da kein richtiges Gefühl mehr und Funktionsstörungen. Ich war kurz vor dem Durchdrehen!

Durch die zunehmenden Gefühlsstörungen in den Beinen konnte ich nicht mehr gehen. Auch mit Gehstützen bewegte ich mich nur noch schleppend fort. Das war für mich kein Leben mehr.

Trotz meiner negativen Lebenseinstellung hielten meine Freunde noch zu mir. Sie ertrugen meine Launen, mein Selbstmitleid und meine Vorwürfe gegenüber Gott. Zudem begegneten sie mir mit großer Liebe und Geduld. Nicht mit frommen Worten, sondern mit ganz praktischer Hilfe.

Eine meiner Freundinnen war Krankengymnastin und bemühte sich fast täglich um mich, obwohl ich in den Dingen, die sie mit mir machte, nicht mehr viel Sinn sah.

Auch andere Freunde wurden praktisch. Sie halfen mir beim Brötchen-Schmieren, saugten mein Zimmer oder erledigten Besorgungen für mich in der Stadt. Ich spürte an ihrer liebevollen Hilfe, daß ich ihnen etwas bedeutete. Irgendwann erkannte ich, daß ich, wenn ich meinen Freunden so wichtig war, auch Gott wichtig sein mußte. Wenn meine Freunde sich schon nicht von meinen schlechten Launen abhalten ließen, so würde sich Gott erst recht nicht vor mir verschließen. Als mir das klar wurde, kam ich auch mit meiner Situation besser klar. Ich fing an, von mir selbst weg auf andere zu schauen. Zudem lernte ich auch mit dem Rollstuhl umzugehen, und die befreundete Krankengymnastin erreichte einige Fortschritte durch ihre konsequente Therapie. So habe ich ganz neu gelernt, meine Situation anzunehmen und die Dinge zu sehen, die ich noch tun konnte. Das wiederum hat auch meine Beziehung zu Gott positiv verändert.

Im September 1991 habe ich mich entschlossen, für zwei Jahre an der Bibelschule Wiedenest eine theologische Ausbildung zu machen. Ich fand mich gerade ein bißchen an der Schule und im Internatsleben zurecht, da entdeckte ich auch hinter dem rechten Ohr einen neuen Knoten. Nicht gerade guten Mutes ging ich zum Arzt, der mich in die nächste Uniklinik schickte. Eine genauere Untersuchung dort ergab mehrere Tochtergeschwulste im rechten Kieferbereich und am Schädelknochen. Sofort wurde wieder mit Bestrahlungen begonnen. Die halfen jedoch diesmal überhaupt nicht. Im Gegenteil, bis Mitte Dezember hatten sich auch noch Metastasen auf der linken Seite des Kiefers gebildet. Und es war zu erwarten, daß ich auch an anderen Stellen im Körper Metastasen hatte.

Zweimal wöchentlich mußte ich in die Uniklinik, um Morphiuminjektionen in die Kiefergelenke und Kaumuskulatur zu bekommen, die es mir möglich machten, überhaupt zu essen und zu sprechen. Durch die Bestrahlungen war dem Kieferknochen so viel Kalk entzogen worden, daß er an verschiedenen Stellen brach.

Obwohl ich ziemlich verzweifelt war, wollte ich nicht glauben, daß Gott mein Leben beenden würde. Aber schließlich erklärten mir die Ärzte, daß sie keine Möglichkeit mehr sähen, mir zu helfen. Sie könnten zwar noch eine lebensverlängernde Chemotherapie ansetzen, aber wie lange das helfen würde, wußte keiner. Im Januar wollten sie jedenfalls noch einmal genauere Aufnahmen machen, inwieweit der Krebs sich auf den ganzen Körper ausgebreitet hatte. Bis dahin sollte ich versuchen, mit den mitgegebenen Schmerzmitteln einigermaßen erträglich zu leben.

Wenn mir zu diesem Zeitpunkt auch vieles nicht klar war, eins wußte ich: Ich wollte nicht sterben!

Es gab für mich nur noch eine einzige Chance: das Gebet der Gemeindeältesten. In der Bibel, die ich regelmäßig las, gab es einen Abschnitt darüber, wie man mit den Kranken in der christlichen Gemeinde vorgehen soll: „Wenn jemand unter euch krank ist, der rufe zu sich die Ältesten der Gemeinde (also die Verantwortlichen der Gemeinde), daß sie über ihm beten und ihn salben mit Öl in dem Namen des Herrn. Und das Gebet des Glaubens wird dem Kranken helfen, und der Herr wird ihn aufrichten ..." (Jakobus 5, 14-15)

Da die Gemeindeleiter meiner Heimatgemeinde zu weit weg waren, übernahmen die Leiter der Bibelschule stellvertretend dieses Amt für sie, während zur gleichen Zeit die Ältesten meiner Gemeinde zu Hause für mich beteten. Ich wurde symbolisch mit Öl auf der Stirn gesalbt, und dann legten sie mir die Hände auf und beteten laut, daß Gott doch schenken möge, daß der Krebs aus meinem Körper verschwindet.

Obwohl ich nicht wußte, ob Gott das Gebet erhören würde, hat mich diese tiefe geistliche Erfahrung innerlich ruhig gemacht und – so wie es in der Bibel stand – auch aufgerichtet. Daß man in jedem Fall gesund werden würde, stand nicht in dem Abschnitt. Und so wartete ich gespannt auf den Untersuchungstermin im Januar. In dieser Wartezeit von drei Wochen fiel mir auf, daß ich weniger Schmerzmittel benötigte und auch insgesamt körperlich wieder an Kraft gewann.

Endlich kam der Tag der Untersuchung: Die ganze Prozedur dauerte über sechs Stunden. Es wurden Unmengen von Aufnahmen gemacht. Und schließlich gab es verblüffte Gesichter bei den Ärzten der Uniklinik. Keiner wollte glauben, was er da sah. Bis auf vier kleine Herde waren alle Metastasen verschwunden, und auch im Rest des Körpers war nichts zu finden.

Ich konnte nur staunen, wie Gott in meinem Körper gewirkt hatte. Die Ärzte schlugen mir vor, noch einmal eine Chemotherapie für drei Monate zu machen. Guten Mutes nahm ich den Vorschlag an ...

Es wurden die längsten drei Monate meines Lebens! Zweimal pro Woche bekam ich ambulant über einen speziellen Katheter das „Giftzeug" verabreicht. Und wieder hatte ich mit den Nebenwirkungen zu kämpfen, die mir diesmal als „nicht intensiv" verkauft worden waren. Aber sie waren sehr intensiv!

Klassenkameradinnen, Wohnheimkolleginnen und Lehrer halfen mir, so gut sie konnten. Manchmal wäre ich am liebsten aus dem Fenster gesprungen. Jeder Montag, jeder Donnerstag wurde mir zur Tortur, bis an Ostern endlich die Behandlungen beendet wurden.

Der Krebs war vorerst zum Stillstand gekommen. Zur Sicherheit sollten aber im Sommer trotzdem noch einmal Bestrahlungen gemacht werden. Leider war mein Immunsystem so stark belastet, daß sich die Bestrahlungen hinzogen wie Kaugummi. Mal bekam ich eine Lungenentzündung, mal eine Stirnhöhlenvereiterung, bis schließlich und endlich meine letzte Bestrahlung hinter mir lag.

Ich war überglücklich, aber körperlich total am Ende. Daraufhin schenkte mir meine Heimatgemeinde das Geld für einen zehntägigen Urlaub. An der Nordsee konnte ich mal so richtig ausspannen!

Anschließend ging es dann mit Feuereifer in das zweite Bibelschuljahr, das wesentlich ruhiger für mich verlief. Im Oktober 1993 konnte ich die Ausbildung erfolgreich abschließen. Noch immer hielt der Stillstand der Krebserkrankung an, und das ist bis heute so geblieben.

Seit fast drei Jahren ist die Krankheit nun schon zum Stillstand gekommen. Jedes halbe Jahr muß ich zur Kontrolluntersuchung. Noch zwei Jahre, dann gelte ich als geheilt. Von zehn Leuten, die zur gleichen Zeit wie ich erkrankt sind, leben heute noch zwei. Manche nennen das „Glück". Ich selbst spreche lieber von einem Wunder und Geschenk Gottes!

Ich schätze mein Leben nach wie vor sehr, auch, wenn ich es wegen der Unfallfolgen hauptsächlich vom Rollstuhl aus führen muß. Ich bin recht aktiv und treibe viel Sport: Ich spiele Tennis und Basketball mit anderen Behinderten in einer Rollstuhlsportgruppe. Für mich selbst trainiere ich in einem speziellen Rennrollstuhl auch noch Marathonfahren. An einigen

Wettkämpfen habe ich schon teilgenommen und gar nicht mal so schlecht abgeschnitten. Natürlich packt mich manchmal der große Frust, wenn ich an die Dinge denke, die ich früher mit Leichtigkeit getan habe.

Im November 1993 habe ich auch meinen jetzigen Mann kennengelernt: An einem trüben und naßkalten Tag beschloß ich, nach Freiburg zu fahren. Zum Mittagessen fuhr ich mit dem Aufzug in das Restaurant eines Kaufhauses, um dort einen Tee zu trinken. Doch vor der Theke stand ein Mann, der sich gerade einen Kakao einschenkte. Da die Theke für mich als Rollstuhlfahrer zu hoch war, fragte ich ihn: „Gibt es da oben auch Pfefferminztee?"

Der junge Mann reagierte zuerst nicht, weil er vermutlich dachte: *Warum schaut sie nicht selbst nach?*

Schließlich drehte er sich doch um und sah . . . niemanden! Er kam nicht auf die Idee, von seiner Kopfhöhe von 1,85 Meter auf 1,20 Meter herunterzuschauen. Erst als eine Frau am anderen Thekenende rief: „Hier gibt es Pfefferminztee", hat er mich entdeckt.

Einige Minuten später kam ich mit meinem vollen Tablett auf den Knien genau auf ihn zugerollt, und der junge Mann fragte mich, ob wir uns nicht zusammen an einen Tisch setzen wollten. Ich antwortete: „Ach ja, warum nicht, zu zweit ißt es sich netter."

Da ich den Mann ziemlich dreist fand, wollte ich ihm gleich einen Schock verpassen und erklärte ihm, daß ich vor dem Essen immer beten würde. Worauf er mich mit der Antwort verwunderte: „Ja, das mach' ich normalerweise auch!"

Ich dachte: *Ach, du Schande . . .!*

Jörg, so hieß der junge Mann, wurde noch etwas dreister. Nachdem ich ihm das „Du" angeboten hatte, fragte er mich, ob ich nicht Lust hätte, den Rest des Nachmittags mit ihm zu verbringen. Obwohl mir innerlich eher nach einem „Nein" zumute war, kam ein „Ja" über meine Lippen. Nach einem sehr netten Nachmittag brachte mich Jörg abends zu meinem Auto, und wir tauschten unsere Adressen aus. Doch ich dachte nicht im Traum daran, daß ich Jörg noch einmal wiedersehen würde.

Zwei Tage später stand er plötzlich vor der Tür, und damit

Annette und Jörg Voellner

begann unsere Beziehung. Eigentlich wollte ich keine Freundschaft eingehen, da ich mich mit meiner Erkrankung und meiner Behinderung lieber keinem Mann zumuten wollte. Jörg wußte das auch und hat mir viel Zeit gelassen. Auf den Tag genau ein Jahr später haben wir uns verlobt, und zwar am gleichen Tisch in demselben Restaurant. Und seit dem 17. Juni 1995 sind wir nun auch verheiratet.

In diesem Sommer war ich mit Jörg in den Bergen im Tessin. Bergwandern war früher meine ganze Leidenschaft. Ja, bis heute gibt es für mich nichts Schöneres und Faszinierenderes als den Blick auf ein gewaltiges Bergmassiv. Wir fuhren jedenfalls mit unserem Auto eine Straße entlang. Und immer wieder begegneten wir Leuten, die mit Wanderstiefeln und Rucksäcken unterwegs waren. Ein lauter Seufzer kam mir über die Lippen. Mein Mann wußte warum. Er hielt an, nahm mich in die Arme, und ich konnte meinen Tränen freien Lauf lassen. Nach dieser liebevollen Umarmung konnte ich mich dann doch noch an der Schönheit der Landschaft erfreuen und an einem gewaltigen Wasserfall. Früher hätte ich wahrscheinlich versucht, dahinter durchzusteigen. Heute saß ich eben davor und ließ mir vom Wind die Gischt ins Gesicht spritzen.

Eine ungeheure nervliche Anspannung bedeuten für mich jedesmal die halbjährlichen Kontrolluntersuchungen. Mit bangem Herzklopfen sitze ich jedesmal im Warteraum, bis ich die Untersuchungsergebnisse erfahre.

In letzter Zeit mußten mir wieder mehrere Knoten entfernt werden, die bei den Kontrollen entdeckt worden waren, aber Gott sei Dank waren alle gutartig. Die Anspannung bei jeder neuen Untersuchung ist kaum auszuhalten. Bis vor zwei Jahren mußte ich diese Kämpfe – „Was ist, wenn es wieder bösartig ist?" – alleine durchstehen. Seit ich meinen Mann kenne, teilt er die Kämpfe mit mir. Er ist genauso gespannt auf das Untersuchungsergebnis wie ich. Es ist schön, jemanden zu haben, der die Sorgen mitträgt, auch wenn er oft nicht mehr machen kann, als neben mir zu sitzen und abzuwarten. Wenn es auch für uns beide nicht einfach ist, so bin ich doch unendlich froh, meinen Mann zu haben.

Ansonsten versuche ich, meinen Alltag so normal wie möglich zu gestalten. Zur Zeit arbeite ich in einer neurologischen Reha-Klinik für Kinder und Jugendliche in der Nähe des Bodensees. Daneben treibe ich viel Sport, zum Beispiel gehe ich gerne schwimmen. Da ich lieber in freien Gewässern bade als im Schwimmbad, beschränkt sich das momentan auf den Sommer.

Ich versuche auch so gut wie möglich unseren Haushalt zu versorgen, wobei mich mein Mann tatkräftig unterstützt. Wir beide wünschen uns auch sehr, eigene Kinder zu haben und hoffen natürlich, daß sich dieser Wunsch bald verwirklichen läßt. So gesehen führe ich auch im Rollstuhl ein relativ normales Leben. Vielleicht lebe ich durch die Veränderungen in meinem Leben einfach etwas bewußter.

Albrecht Schön

Albrecht Schön mit Benjamin und Miriam

45 Jahre
verwitwet, 2 Kinder
Lehrer
Linden

Sehnsucht nach Gela

„Nach schwerer, in glaubensvoller Tapferkeit getragener Krankheit wissen wir seit dem 16. Februar meine inniggeliebte Frau, unsere beste Mama . . . in der Fürsorge unseres Heilands und Erlösers."

So formulierte ich die Traueranzeige. Es war der Versuch, unser Geborgensein trotz allen schrecklichen Erlebens in Worte zu fassen. Hinter mir lagen zwölf Jahre Ehe mit einer ausgesprochen anmutigen Frau. Gela war im Umgang mit den Kindern aufopfernd und mütterlich, sie hatte ein Gefühl für Ästhetik und hat mich in allen Bereichen unterstützt. Gela hatte trotz ihres zurückhaltenden Wesens eine große Ausstrahlung.

Als 1984 ihre Krebserkrankung entdeckt wurde, war Miriam fünf und Benjamin drei Jahre alt. Trotz schwerer Operation und Chemotherapie erlebten wir viele Wunder: Gela war äußerlich von der Krankheit nahezu nicht gezeichnet. Wir konnten in Urlaub fahren, und trotz der Behandlung konnte sie zwei Jahre zu Hause wohnen bleiben, in dem Haus, das sie mitgestaltet hatte. Sie konnte alles Materielle und sogar ihre geliebten Kinder loslassen. Und es war ihr gegönnt, zu Hause zu sterben. Im Verlauf der Krankheit waren wir schon einmal genötigt, voneinander Abschied zu nehmen, doch Gott erwies sich als souveräner Herr über Leben und Tod. Auch am Ende ihres Lebens, das wir früher erwartet hatten, schenkte uns Gott – entgegen der Prognosen der Ärzte – noch sieben weitere gemeinsame Wochen.

Wenn ich meine Frau in diesen Wochen abends segnete und mit ihr betete, sprach ich ihr das Christus-Wort aus der Offenbarung 1,17 zu: „Fürchte dich nicht. Siehe, ich bin der Erste und der Letzte und der Lebendige!", und sagte ihren Namen. Selbst, das heißt mit eigenen Worten, konnte ich keinen Trost geben. Auf meine gelegentliche Frage, ob sie sich fürchtete, konnte sie mit einem klarem Nein antworten. Ihr Getröstetsein ging schließlich auf mich über und begleitet mich bis heute. Es verhindert zwar keine klaffenden Wunden in der Seele, doch noch tiefer ist die Erfahrung, daß unser Erleben kein sinnloses, tragisches Schicksal ist, sondern daß Gott die Regie führt.

Schon kurze Zeit nachdem der Leberkrebs ausgebrochen war, wurde ich einmal nachts telefonisch ins Krankenhaus gerufen, um von meiner Frau Abschied zu nehmen. Die Ärzte rangen um ihr Leben und hatten keine Hoffnung mehr, daß Gela den Morgen erleben würde. Am Bett las ich ihr Psalmworte vor, wir beteten, sie wartete auf das irdische Ende – und vorbei an allen Prognosen und Statistiken gab Gott ihr das Leben für weitere vier Jahre und drei Monate zurück. Mutige Ärzte hatten bis dahin noch kaum erprobte Verfahren eingesetzt. Beschämt hat mich, daß sich einer von ihnen in seiner Unsicherheit an Gott wandte und für Gela eine Messe lesen ließ.

Wie exakt Gott Regie führte, erfuhren wir auch 1986 bei einem weiteren Eingriff. Tage nach der Operation war urplötzlich eine bedrohliche, schier ausweglose Situation als Folge eines vorausgegangenen ärztlichen Fehlers entstanden. Doch im richtigen Moment stand jetzt das nötige Ärzteteam bereit, Telefon und Aufzug waren zur Stelle, und ich saß als „Feuermelder" am Krankenbett. Minuten später wäre es zu spät gewesen. Auch einige Freunde bestätigten mir, daß Gott „die Finger im

Gela Schön

Spiel“ hatte: Sie standen im selben Moment vor der Klinik und beteten.

Am letzten Abend, bevor Gela schließlich ins Koma fiel, begegnete uns Gott durch den Brief einer Diakonisse. Es waren nur wenige Zeilen, aber sie waren für uns wichtiger als ein Bücherschrank voller wissenschaftlicher Abhandlungen:

„Will es dunkeln, laß mir funkeln deiner Gnade hellen Strahl; Gott der Klarheit und der Wahrheit, führe mich im dunkeln Tal. Herr, ich suche, Herr, ich finde meine Ruhe nur in dir; gib den Segen deinem Kinde und bewahre du ihn mir.“ Und sie fügte persönlich hinzu: *„Wie oft haben wir dem Herrn gedankt, wenn er Ihnen Besserung schenkte. Im Augenblick umbeten wir Sie sehr, liebe Frau Schön. Der Herr weiß, was er Ihnen zumuten kann. In diesem Leidens- und Läuterungsprozeß ist er Ihnen nahe und läßt Sie keinen Augenblick allein. Es ist Gott ein Kleines, Sie anzurühren und zu heilen, das trauen wir Gott zu! Und möchte er gern sein geliebtes Kind bald ganz bei sich haben, um es seine ganze Herrlichkeit schauen zu lassen – dann bereitet er Sie wunderbar*

zu ... Wie es der Herr auch macht, liebe Frau Schön, Sie sind und bleiben in seiner liebenden Hand für Zeit und Ewigkeit ...“

Hätte ich nicht diesen Trost erfahren, wäre ich längst zerbrochen. Er war tausendmal mehr wert als die Gewerkschaftsproblematik, die seinerzeit ein Krankenhaus-Seelsorger mit mir im Flur erörtern wollte, weil ihm offensichtlich für einen tröstenden Ausspruch die Worte fehlten.

In einsamen Nächten ist mir Jesus noch mehr zum Freund geworden, wenn ich ihn – für mich eigentlich ganz neu – als Weinenden anschaute, der angesichts des Todes von Lazarus mitleidet und sogar weint (Johannes 11). Er versteht meine Tränen. Weiteren Trost erfuhr ich später, als ich in Gottes Wort entdeckte: „Bei Gott allein kommt meine Seele zur Ruhe“ (Psalm 62,2).

Zum Glück hat man mich weitestgehend mit dummen Sprüchen und Floskeln verschont. Etliche Traktate zum Thema halfen mir nicht oder nur kaum weiter. Als grundlegend empfand ich das Buch von Fritz Rienecker, *Das Schönste kommt noch.* Sehr gut ist auch Siegfried Kettlings Buch *Du gibst mich nicht dem Tode preis,* das er nach dem Tod seines Sohnes verfaßt hat. Es ist ein authentischer Bericht und stimmt über weite Passagen mit meinen eigenen Erfahrungen überein. Dennoch: Wirkliche Antworten erhielt ich nur aus der Bibel selbst.

Ich habe mich auch an das Motto unserer Verlobung erinnert, den Ausschnitt eines Briefes von Matthias Claudius an seinen Sohn. Seine Zeilen sind ein Programm für Leben und Sterben:

„Wer nicht an Christus glauben will, der muß sehen, wie er ohne ihn raten kann. Ich und du können das nicht, wir brauchen jemand, der uns hebe und halte, dieweil wir leben, und der uns die Hand unter den Kopf lege, wenn wir sterben müssen. Und wir wissen keinen, von dem wir's lieber hätten.“

Mittlerweile sind fast sieben Jahre seit dem Tod meiner Frau vergangen. Meine Kinder und ich haben festgestellt, daß wir Gefahr laufen, in unserem Schmerz und der Sehnsucht nach der Mama ja eigentlich nur an uns zu denken und uns um uns selbst zu drehen. Wir wollen uns aber vielmehr darüber freuen, daß sie es jetzt unendlich viel besser hat. Damals wußte es mein Sohn Benni mit seinen acht Jahren besser, als er bedauerte, daß er jetzt noch ungefähr 60 Jahre zu warten habe, bis er Mama wiedersieht . . .

Als Witwer und „Alleinerziehenden“ – wie es heute heißt – beschäftigen mich immer wieder auch ganz praktische Erziehungsfragen: Was ist wichtig für eine pubertierende Vierzehnjährige, die weitgehend ohne eine erwachsene weibliche Bezugsperson auskommen muß? Wird sie ein positives Persönlichkeitsprofil entwickeln und ihre Rolle finden können? Was ist wichtig für einen Elfjährigen in der Vorpubertät? Wird er emotional verarmen, weil die Mutter fehlt? Stimmen die statistischen Daten, wonach die Persönlichkeit von Kindern ohne Väter eher intellektuell, die von Kindern ohne Mütter eher emotional schwach entwickelt sind? Und wenn ja – verhält es sich auch so in unserer „Restfamilie“? Wer sagt mir, ob ich meine Kinder verwöhne oder in der Erziehung zu streng bin? Reichen ein paar spontane Streicheleinheiten und der gelegentliche kämpferische Knutsch-Knuddel-Tango vor dem Zubettgehen?

Ich merke, daß jede Form von Erziehung in jedem Fall Folgen hat. Positive und negative Erfahrungen in der Familie prägen meine Kinder, und viele Auswirkungen werden erst später einmal sichtbar sein. Es ist gar nicht so einfach, als Alleinerziehender mit dieser Verantwortung fertigzuwerden.

Außerdem spiele ich selbst ja auch eine „Rolle“: Neben der kräftezehrenden Mehrfachbelastung durch Beruf, Haushalt und Kindererziehung muß ja noch die so schmerzhaft beendete Beziehung zum geliebten Partner verarbeitet werden. Trauer, Wut und Enttäuschung sind gelegentliche Tischgenossen – auch bei mir als Christ sind sie „zu Besuch“.

Und nicht nur das: Auch Witwer sind „richtige“ Männer, die mit den Spannungen der Sexualität umgehen und einen verantwortbaren Weg dafür suchen müssen. Symptome der „Midlife-Crisis“ und das gelegentliche berufliche „Burn-Out“-Syndrom müssen als weitere verstärkende Faktoren im Problemfeld „Alleinerziehender“ hinzugerechnet werden. Zu oft leiden die Schwächsten im Bunde, die Kinder, am meisten unter diesen Erscheinungen. Da tut es uns gut, wenn wir bei jeder sich bietenden Gelegenheit etwas gemeinsam unternehmen, vor allem miteinander sprechen, zusammen weinen, auch streiten, den Autokauf durchdiskutieren, einen (für mich ziemlich überflüssigen) Catchkampf besuchen, miteinander musizieren oder im Restaurant gemeinsam den Kellner „verschaukeln“. Es war wohltuend, als wir uns in den schwersten Tagen und Wochen aneinander „festhielten“, uns nahe waren, sogar in einem Zimmer schliefen.

Glücklicherweise ist mittlerweile vieles organisatorisch etwas mehr zur Routine geworden. Ich besorge meinem Sohn keine Unterhosen mehr für sein Rentenalter, die 30-Grad-Wäsche wird inzwischen nicht mehr mit Antikalk-, sondern mit richtigem Waschpulver gewaschen, und meine siebeneinhalb Menüs schmecken allmählich sogar mir selbst ...

Und trotzdem ist es schwer, über weite Zeiträume ohne einen erwachsenen Gesprächspartner – wie Gela – zu leben, besonders in Stunden quälender Einsamkeit oder in krisenhaften Entscheidungssituationen, zum Beispiel bei Krankheitsfällen. Es wäre für mich letztlich unerträglich, wenn ich jetzt nicht mehr beten könnte. Früher einmal mutmaßten meine Kinder, daß spätabends Besuch da sei oder der Fernseher liefe, wenn sie das mit großen und kleinen Pausen durchsetzte Fragen, Klagen und Erörtern ihres betenden Vaters durch die Zimmertüre mitbekamen. In diesen Momenten übe ich mich darin, all die übermächtigen Probleme des „Alleinerziehendendaseins“ an Gott abzugeben. Und ich erlebe immer wieder, wie der himmlische Vater sich mitsorgt, eingreift, tragen hilft, neue Hoffnung schenkt: Plötzlich ist ein dringendes Fahrproblem gelöst, eine Krankheit wendet sich zum Guten, ein freundlicher Anruf tut wohl, eine berufliche Aufgabe ist (doch) erledigt ... Ich merke, daß Gott offensichtlich Interesse an uns hat.

Dabei benötigte ich in den ersten Jahren als Witwer weniger gutgemeinte Ratschläge, theoretische Hilfen, spezielle Tips ... Vielmehr war praktische Hilfe willkommen, und zwar von geduldigen, verständnisvollen, ausdauernden und diskreten Helfern. Für alle meine alleinerziehenden „Schicksalsgenossen“ wünschte ich mir aufmerksame, wache und anteilnehmende Christen in ihrer Umgebung, die wenigstens das Nötigste besorgen! Eine Gemeinde, die Gottes Güte und Liebe repräsentieren möchte, darf alleinerziehende Menschen und deren Kinder nicht ideenlos in der Ecke stehenlassen. Konkrete Hilfsangebote wären zum Beispiel vier Wochenstunden kontinuierliche Haushaltshilfe, ein Nachhilfeangebot in Latein, regelmäßige Treffen für Gespräche und Problemlösungspartnerschaften, Krankenpflegehilfe im Akutfall, Fahrbereitschaft zum Sportverein, Heimwerkerolympiaden . . . Der Phantasie sind keine Grenzen gesetzt.

Wo sind also ideenreiche „Ganz"-Familien, die sich den „Rest"-Familien öffnen? Fehlende Väter und Mütter könnten – zumindest teilweise und in bestimmten Bereichen – durch aufmerksame Zeitgenossen ersetzt werden. Kinder von Alleinerziehenden benötigen Menschen, die so etwas wie „Patenschaften" übernehmen. Denn daß man seine Kinder einmal alleine erziehen würde, hat ja kaum einer von Anfang an erwartet – die heute Betroffenen genausowenig wie die anderen, die es (noch) nicht betrifft.

Ursula Schulte

48 Jahre
verheiratet, zwei Söhne
Hausfrau
Menden

Friedhelm und Ursula Schulte

Der Tod hat seinen Schrecken verloren

Im August 1991, als ich 44 Jahre war, spürte ich in der rechten Brust einen Knoten. Der Gynäkologe beschloß nach einer Mammographie, daß der Knoten herausgenommen werden mußte. Er hat nicht gleich von Krebs gesprochen. Aber ich habe sofort daran gedacht, zumal ich bis zur Geburt unseres ersten Kindes als Krankenschwester gearbeitet habe.

Hals über Kopf bin ich in die Operation gegangen. Der Gynäkologe sagte noch ganz zuversichtlich, daß es gar nicht so schlecht aussähe. Ich wollte nämlich auf gar keinen Fall die Brust verlieren. Als ich aus der Narkose aufwachte, stand mein Mann schon am Bett. Er sagte: „Du, es war doch was! Die Geschwulst war 4 Millimeter groß, ein Zufallsbefund. Sie wurde brusterhaltend entfernt."

Ich habe mir dann sämtliche Unterlagen aus dem Krankenhaus kopieren lassen. Dazu hat übrigens jeder Patient ein Recht. Der Arzt schrieb darin „Prognose exzellent".

Am nächsten Tag mußten allerdings noch die Lymphknoten aus der Achselhöhle entfernt werden, um Metastasen vorzubeugen. Eine Nachbestrahlung habe ich wegen des geringen Befundes abgelehnt. Dieser Operation würde ich heute nicht mehr so schnell zustimmen, zumal mir immer noch ein Lymph-Ödem Beschwerden macht. Ich denke, daß man anderen Frauen in der gleichen Situation sagen sollte: „Laß dir Zeit mit deiner Entscheidung!"

Der Krebs wächst vier bis fünf Jahre, also muß man ihn nicht von heute auf morgen herausnehmen, sondern sollte sich erst einmal in Ruhe – soweit das geht – auf die Situation einstellen. Diese Zeit ist äußerst wichtig, um sich mit der Krankheit auseinanderzusetzen. Aber leider sind die meisten Betroffenen in einer solchen psychischen Ausnahmesituation, daß sie gar nicht mehr klar denken können. Aus diesem Grunde sind viele wahrscheinlich froh, daß es so schnell geht.

Im Dezember 1992 spürte ich erneut einen Knoten in der rechten Brust. Es half nichts, jetzt mußte die Brust doch abgenommen werden. Da der Krebs östrogenabhängig war, nehme ich seitdem Tamoxifen.

Im Februar des folgenden Jahres ertastete ich wieder Knoten in der linken Brust. Es stellte sich heraus, daß ich vier Zysten hatte, die punktiert wurden und sich als gutartig herausstellten.

Bei einer Kontrolluntersuchung im Oktober 93 fühlte ich in der linken Brust wieder einige Knoten. Der Radiologe sagte ernst: „Das ist mir suspekt." Ich wollte aber lieber gleich die Wahrheit wissen und habe solange nachgefragt, bis er mir sagte, daß es nicht gut aussähe. Ich habe mich darüber geärgert, daß ich wieder hingehalten wurde. Warum kann man den Leuten nicht gleich die Wahrheit sagen? Die Ärzte sollen doch nicht um den heißen Brei reden.

So verlor ich dann auch meine zweite Brust. Ich ließ mich diesmal in einem anderen Krankenhaus operieren, in dem die Patienten auch seelisch betreut werden. Hier fühlte ich mich trotz der schweren Diagnose wohler. Anschließend machte ich eine Chemotherapie über sechs Monate. Während dieser Zeit wurden mir auch noch die Eierstöcke entfernt, um die übermäßige Östrogenproduktion zu hemmen. Es war eine schwere Zeit. Manchmal war ich verzweifelt und wollte die Behandlung abbrechen, aber ich habe dann doch durchgehalten. Nach den Erfahrungen der ersten Operation habe ich mir vor den folgenden Eingriffen jeweils eine Woche Zeit gelassen. Diese Zeit war für mich wichtig, um mich mit den ständigen Rückschlägen auseinanderzusetzen.

Als ich 1991 die erste Operation hatte, las ich in der Zeitung einen Bericht über die „Gesellschaft für biologische Krebsabwehr" in Heidelberg. Ich schrieb dorthin und bat um Informationen. Bei der anschließenden Kur in Bad Camberg habe ich einen Arzt für Naturheilverfahren kennengelernt. Und das Interessante war, daß er Mitglied in dieser „Gesellschaft für biologische Krebsabwehr" ist. Mittlerweile bin ich schon zweimal zu einem Kongreß dieser Vereinigung für Laien und Ärzte nach Heidelberg gefahren. Dort habe ich gelernt, daß es auch an mir und meiner psychischen Verfassung liegt, ob ich den Krebs überlebe. Ich würde sogar sagen, daß Krebs eine „psychische" Erkrankung ist. Es kommt wohl noch vieles andere dazu, zum Beispiel Erbanlagen, Belastung, Streß, körperliche Arbeit und Ernährung. Aber ich halte heute die psychischen Belastungen für die Hauptursache.

Ich empfinde es als Gottes Führung, daß ich von vielen Seiten Hilfe bekommen habe. Ich bekam sie zum Beispiel in der Habichtswald-Klinik für Ganzheitsmedizin in Kassel-Wilhelmshöhe. Durch das Informationsmaterial der „Gesellschaft für biologische Krebsabwehr" bin ich auf diese Einrichtung aufmerksam geworden. Hier war ich nicht nur eine Mamma-CA-Patientin, sondern ein Mensch mit Leib und Seele. Neben Psychotherapie, biologischer Begleittherapie, kreativem Gestalten, Fußreflexzonenmassage und anderem hat mir besonders die liebevolle Atmosphäre in diesem Haus geholfen.

Durch die biologische Therapie habe ich gelernt, daß meine eigenen Abwehrkräfte so stark sein müssen, daß sie auch Krebszellen abtöten können. Diese biologische Therapie besteht unter anderem aus Mistelpräparaten. Die Mistel ist ein Schmarotzer, der auf Bäumen wächst. Das heißt, die Mistel als Schmarotzer des Baumes bekämpft den Schmarotzer Krebs in mir. Dreimal in der Woche spritze ich mir selbst Mistelpräparate in den Bauch. Als Krankenschwester kann ich das selbst tun. Nach vier Wochen setze ich zwei Wochen mit dieser Behandlung aus. Die Mistel stärkt meine Abwehrkräfte. Seit vier Jahren spritze ich nun dieses Präparat, und es geht mir gut, wenn ich auch nicht mehr so belastbar bin wie vorher. Aber das schadet nichts. Ich lasse jetzt eben manches liegen, was vorher wichtig schien.

Begleitend zur Misteltherapie erhalte ich Tymuspräparate und Enzyme, um die Abwehrkräfte zu stärken. Zusätzliche Präparate gleichen den Mangel an Vitaminen, Spurenelementen und Mineralien in der täglichen Nahrung aus.

Neben diesen biologischen Präparaten ist die Ernährung ganz wichtig. Am besten ist eine Vollwerternährung mit wenig Fleisch, viel Gemüse, Obst und Rohkost. Man soll aber auch darauf achten, daß einem schmeckt, was man ißt. Jetzt gibt es bei uns zwar noch sonntags Fleisch, in der Woche jedoch kaum. Natürlich wird im Sommer auch mal gegrillt. Man darf das alles nicht zu eng sehen. Das Leben soll Spaß machen, das ist das wichtigste. Man muß Freude am Leben haben.

„Unbequeme Patienten leben länger", zu dieser Einstellung wurde ich in der Klinik für Ganzheitsmedizin in Kassel ermutigt. Ich bin unbequem. Ich nehme nicht alles an, was mir gesagt wird. Ich hinterfrage und will Informationen haben. Über alles, was mich betrifft, will ich informiert sein. In Kassel habe ich festgestellt, daß man als Patient richtig in die Behandlung einbezogen wird. Die Diagnose wird einem ausführlich erklärt, und man bekommt begleitend psychologische Hilfe. In psychotherapeutischen Gesprächen habe ich mein bisheriges Leben bis zurück in die Kindheit aufgearbeitet. Ich mußte ohne Vater aufwachsen. Mein Vater ist vor meiner Geburt an Kriegsverletzungen gestorben. Ich weiß erst heute, daß das ein großes seelisches Trauma für mich war. Ich bin in der ehemaligen DDR, im Kreis Magdeburg, geboren. 1952 sind wir von dort geflüchtet. Meine Mutter hatte zwischenzeitlich wieder geheira-

Ursula Schulte mit Stephan

tet. Später ist dann aber auch mein Stiefvater gestorben. Diese Erfahrungen waren große seelische Belastungen, und so kam eins zum anderen. In meinem Fall kann auch die erbliche Belastung eine Rolle spielen, denn meine Großmutter ist auch an Brustkrebs gestorben, allerdings erst mit 72 Jahren.

Während der Therapie wurde auch die Belastung mit unserem 20jährigen behinderten Sohn Stephan angesprochen. Er hat das Down-Syndrom, ist also mongoloid. Ich merkte in den Gesprächen, daß meine Last immer leichter wurde, je mehr ich darüber sprechen konnte. Und ich zog Parallelen zwischen meiner Krebserkrankung und der psychischen Belastung. Die Überforderung durch unseren Sohn besteht darin, daß er außerhalb der Schulzeit ständig betreut werden muß. Er ist ein ganz liebenswerter Junge, aber wir müssen dauernd für ihn da sein. Nachdem er geboren war, dauerte es ein halbes Jahr, bis wir uns damit abgefunden hatten, ein behindertes Kind zu haben. Aber ich bin heute fest davon überzeugt, daß das Leben unseres Stefan ebenso wie meine Krebskrankheit einen Sinn hat. Wir beschränken uns als Familie nun auf das Wesentliche. Und das besteht nicht im Materiellen, sondern im Menschen und seinen Gefühlen. Nur kann es so schnell verlorengehen, weil man hinter allem herjagt und sich abhetzt. Das Wesentliche kann man eigentlich nur in der Ruhe finden.

Stefan wird von uns sehr geliebt, und er liebt uns auch. Manchmal, wenn ich abgespannt bin, empfinde ich ihn als Belastung. Aber am nächsten Tag gibt er mir schon wieder so viel Liebe, daß ich froh um ihn bin.

Heute erfüllt mich eine innere Ruhe, und ich bin ein völlig anderer Mensch. Innere Ruhe zu haben ist besonders wichtig für mich. Jeden Tag suche ich diese Ruhe. Ich habe feste Zeiten dafür. In meinem Zimmer habe ich eine Bücherecke mit einem gemütlichen Stuhl eingerichtet. Mit Kassetten, Büchern und der Bibel gelingt es mir, diese Ruhe zu finden. In jeder Situation finde ich genau das Passende für mich. Natürlich habe ich auch Höhen und Tiefen erlebt, das ist klar. Die Tiefen kamen jedesmal, wenn ich eine neue Diagnose hörte. Die erste Diagnose kam wie ein Keulenschlag. Nach der Operation dachte ich: *Das war's jetzt; du lebst jetzt noch zwei, drei Jahre mehr schlecht als recht – mit Schmerzen – und dann war's das.* Die Ärzte haben in dieser Zeit wenig gesagt. Ich war ziemlich enttäuscht, auch vom Pflegepersonal, vermutlich weil sie überfordert waren.

In den Wochen nach den Operationen habe ich intensiv um meine Brüste getrauert. Ich habe regelrecht Trauerarbeit geleistet. Ich habe geweint, weil ich sie verloren habe. Es war wirklich schlimm, und es hat sehr lange gedauert, über Monate und Jahre. Aber ich habe einen guten Mann, der mich sehr unterstützt hat. Dadurch ist mir diese Zeit leichter gefallen. Sogar unsere Partnerschaft ist schöner geworden. In welcher Weise, ist schwer zu umschreiben, aber sie ist inniger geworden. Man kann durch eine so schwere Erkrankung sehr viel Positives gewinnen. Und aus heutiger Sicht kann ich sagen, daß ich sogar dankbar bin für den Krebs. Das hört sich zwar komisch an, aber ich bin dankbar, weil ich mich durch den Krebs verändert habe. Ich hätte mich ohne diese Krankheit nicht so entwickelt.

Dabei hat sich mein Leben auch äußerlich geändert. Das fing

mit einer Farbberatung an. Diese Typberatung wurde mir in der Klinik von einer Therapeutin empfohlen. Ich habe ihr erzählt, daß ich mich gerne mal schick mache, aber manchmal nicht so richtig weiß, was ich kaufen soll. Seit der Beratung fühle ich mich sicherer. Mein ganzes Auftreten ist anders geworden. Und auch meine Bekannten und Freunde stellten an mir eine Veränderung fest.

Auch schon vor der Operation war ich manchmal richtig unzufrieden mit mir selbst. Im Laufe der Zeit habe ich aber gelernt, mich so anzunehmen, wie ich bin mit meinen guten und mit meinen schlechten Eigenschaften. Vor allen Dingen habe ich gelernt, ehrlich zu mir zu sein. Das ist ja etwas, was sehr schwer ist. Die meisten Leute sind leider nicht ehrlich zu sich selbst und verdrängen vieles. Auch ich habe erst die Wahrheit verdrängt. Ich wollte nicht wahrhaben, daß ich krebskrank war. Zumal mir nach den Brustamputationen scheinbar meine gesamte „Weiblichkeit" fehlte. In dieser Phase habe ich mit Gott gehadert und in der Bibel das Buch Hiob gelesen.

Durch die Empfehlung meiner Tante, einer Ordensfrau, las ich das Buch „Weisheit aus dem Bauch" von Pater Rudolf Stertenbrink. Dort beschreibt er, daß jeder ein Stück weit Jonas Geschichte erleben kann: Der Prophet Jona entzieht sich immer wieder dem Auftrag Gottes, aber zum Schluß geht er doch den Weg, den Gott für ihn vorgesehen hat.

Das war für mich ein Aha-Erlebnis: *Du sollst den Weg gehen, der für dich bestimmt ist.* Und mein Weg ist eben der, mit diesem Brustkrebs zu leben. Anhand dieses Buches habe ich das erkannt.

Heute versuche ich als Einheit von Körper und Seele zu leben. Ich bin liebevoller zu mir selbst, und das ist wichtig. Das Gebot der Nächstenliebe hatte ich früher immer so verstanden, daß der Nächste der Wichtigste ist; jetzt habe ich gelernt, ich muß erst einmal mich selbst lieben und kann dann auf den anderen zugehen: „Du sollst deinen Nächsten lieben wie dich selbst."

Ich sehe zu, daß ich meine Ruhephasen bekomme. Unser behinderter Sohn weiß, daß er mich dann nicht stören darf. Ich bete sehr viel in dieser Zeit. Dadurch bekomme ich eine unwahrscheinliche Ruhe. Aus dieser Ruhe heraus bin ich dann nachher viel gelassener und insgesamt ausgeglichener. Das sagen auch meine Freunde und Bekannten über mich. Das ist natürlich ein ständiger Lernprozeß. Ich lebe jetzt mehr aus dem Gefühl; das habe ich von unserem behinderten Sohn gelernt. Ich versuche, gefühlsmäßig auf andere Menschen zuzugehen. Ich achte darauf, wie die Leute sich geben, und weniger auf Äußerlichkeiten. Ich beschäftige mich mit Psychologie und lese Bücher von Rüdiger Dahlke. Indem ich mich selbst verstehe, kann ich auch die anderen Menschen verstehen. Durch das Buch „Krankheit als Weg" wurde mir bewußt, daß ich die Krankheit *brauche,* weil meine Seele nicht sprechen kann. Durch die Krankheit zeigt sie meinem Körper, daß ich irgendwas ändern muß. Und dafür danke ich Gott, daß ich das erkannt habe. Die meisten erkennen das nicht in der Krankheit. Sie verlassen sich nur auf die schulmedizinische Therapie und glauben, allein durch sie geheilt werden zu können.

Ohne diese Krankheit wäre ich nicht so, wie ich heute bin. Ich bin regelrecht glücklich. Dieses Glücksgefühl habe ich lange Jahre vor der Krankheit nicht gehabt. Ich fühlte mich oft hilflos überfordert. Das ist jetzt nicht mehr so schlimm.

Vor kurzem feierten wir Silberhochzeit. Auf die Einladungskarten haben wir folgenden Gedanken von Pater Stertenbrink drucken lassen: *„Von Gott getragen kann ich vieles ertragen. Von Gott gehalten, kann man durchhalten. Dazu gehört auch, daß seine Zumutungen uns nicht überfordern. Irgendwann einmal wird sich das uns Zufallende als das uns Angemessene erweisen."*

Ich habe erfahren, daß wir das Leben nur meistern können, wenn wir in Gott geborgen sind. Ich kann nur in der Stille zu Gott finden. In der Hektik und im Lärm des Alltags finde ich ihn nicht. Deshalb suche ich auch täglich die Ruhe. Das ist mein neues Leben. Ich merke, wie es mir guttut, denn ich kann besser schlafen. Die Gedanken vom Tage kann ich einfach außen vorlassen. Ich bin zwar nicht mehr so leistungsfähig – dann gönne ich mir eben die Ruhe. Früher habe ich viel mehr im Haus gearbeitet und bis in den letzten Winkel alles geputzt und aufgeräumt. Da bin ich jetzt etwas großzügiger geworden. Meinen Perfektionismus habe ich ziemlich abgelegt, und mein Leben ist viel lebenswerter geworden. Vorher sah ich nur die

Arbeit. Alles stürzte auf mich ein. Heute ist das anders: Die Arbeit ist da, aber sie erschlägt mich nicht.

Ich habe mit Gottes Hilfe die Krankheit, so wie sie ist, angenommen. Gott überfordert uns nicht. Weil mein Mann auch gläubig ist, kann er sie mit mir tragen. Ich sehe meine Krankheit nicht als Schicksalsschlag. Mein Leben hat durch sie eine ganz positive Wende erfahren. Ich war blind und bin sehend geworden. Das konnte ich nur auf schmerzhaftem Wege erlernen. Mit „sehend" meine ich, daß ich das Wesentliche im Leben sehe, ich selbst und meine Mitmenschen sind wichtig. Ich gehe heute ganz anders mit meinen Mitmenschen um. Sie erzählen mir ihre Probleme, weil sie spüren, daß ich Verständnis für sie habe. Ich habe die Mitte meines Herzens gefunden, und das ist Gott. Ich spüre jetzt die Ruhe und Harmonie, die ich über lange Jahre verloren hatte. Deshalb kann ich meinen Krebs positiv sehen.

In der Klinikzeit in Kassel bin ich sehr stark mit dem Tod konfrontiert worden. Obwohl ich bei den Therapie-Gesprächen viel geweint habe, haben sie mir gutgetan. Ich habe gelernt, daß Krebs eine Krankheit ist, die zum Tode führen kann – aber nicht muß.

Im Augenblick bin ich davon überzeugt, daß sie für mich nicht tödlich ist. Ich glaube, daß Gott mich noch für irgend etwas auf dieser Welt braucht. Wofür, kann ich im Moment noch nicht sagen, aber er hat mich durch dieses Tief gehen lassen.

Nach dem zweiten Aufenthalt in Kassel im Oktober 1994 habe ich meine Lebenseinstellung als mein persönliches „Credo" so zusammengefaßt:

Ich möchte andere Menschen teilhaben lassen an meinem neuen Leben, das ich durch meine Krankheit bekommen habe.

Ich bin dankbar dafür, daß der Krebs mir die Augen geöffnet hat. Er ist mein Freund geworden.

Ich bin dankbar dafür, daß ich gelernt habe, mich selbst zu lieben, so wie ich bin, mit meinen guten und meinen schlechten Eigenschaften.

Ich bin dankbar dafür, daß ich liebevoll mit mir und meinen neuen Kräften umgehen kann.

Ich bin dankbar dafür, daß ich gelernt habe, ehrlich zu mir selbst zu sein, meine Wünsche und Vorstellungen zu formulieren und in die Tat umzusetzen.

Ich bin dankbar dafür, daß alles, was ich brauche, um glücklich zu sein, schon für mich da ist. Ich muß nur offen dafür sein und es in der Stille suchen, und nicht in der Hektik des Alltags.

Ich bin dankbar dafür, daß ich immer noch lerne, meine Mitmenschen mit den Augen der Liebe zu sehen, nicht mit den Augen des Zorns, des Neides oder der Eifersucht. Die Liebe, die ich verschenke, kommt doppelt zu mir zurück.

Ich bin dankbar dafür, daß ich immer öfter spüre, wie Ruhe und Harmonie sich in meiner Seele ausbreiten.

Ich bin dankbar dafür, daß ich vieles, was mich bedrückt, einfach loslassen darf. Ich sehe es, aber es erregt mich nicht mehr.

Ich bin dankbar dafür, daß der Tod für mich seinen Schrecken verloren hat. Er kommt dann, wenn es für mich gut ist. Ich war blind und bin sehend geworden.

Ich danke meinem Schöpfer dafür und weiß, daß ich das alles nur schmerzhaft erlernen konnte.